乃木坂46

香月孝史

Katsuki Takashi

乃木坂46のドラマトゥルギー

演じる身体／フィクション／静かな成熟

青弓社

乃木坂46のドラマトゥルギー

演じる身体／フィクション／静かな成熟

目次

第8章 演じ手と作品の距離

第9章 アイドルが「演じる」とは何か

終章　戦わされる時代を超えて

装丁――Malpu Design［加藤京子＋清水良洋］
目次・各章扉――Malpu Design［佐野佳子］

まえがき

本書は、「演じる」をキーワードにしながら、アイドルというジャンルを生きる人々の職能について考えるものです。

もっとも、「演じる」とは「偽りの姿／真の姿」というような単純さで捉えられるものではありません。特に今日の女性アイドルシーンにあっては、オンとオフとが互いに侵食し合うようなメディア環境も相まって、どこまでがパフォーマーとしての「表」の領域であり、どこからが「裏」の領域なのかがますます曖昧になっています。そこでは絶えず個々人のパーソナリティが発信され、そうした営為自体がひとつのロールの上演でもあります。

また、しばしばアイドルはいくつもの場所、いくつもの水準でアイコンを「演じ」続けることを職能としますが、その役割はひとつのスペシャリティとして世に理解されにくいという困難があります。このアイコンを上演するというアイドルの実践をどのように捉えていくかが、本書の大きな論点のひとつになります。

このとき、媒介にするのが乃木坂46という存在です。

乃木坂46を語りの中心に据えるのはまず、このグループが舞台演劇を中心に「演じる」芸能者を育てる志向をもつ組織だからということがあります。乃木坂46がもつ演劇への志向は、アイドルという身体が「演じる」ことの意味に関して、重要なサンプルをいくつも残してきました。それらはアイドルグループの職能について、あるいはさらにロングスパンのキャリアについて、整理するための示唆を含んでいます。

ただしまた、先に書いたようにここでいう「演じる」とは、「演じられた」虚構の世界と「演じられていない」現実の世界とを安直に設定し、対置するようなものではありません。現実は常に、それぞれの文脈に応じてロールを演じる人々によって、いわば演劇的に作られていきます。本書では、たとえば現代の女性アイドルシーンに関して、そのありようをみていくことになります。

それは必然的に、現代アイドルシーンが抱え込んでいる根深い問題系を浮き彫りにすることでもあります。このジャンルは巨大なポップカルチャーとして存在する一方で、常に否定的な視線を向けられてもきましたが、それは由なきことではありません。アイドルシーンが当事者たちに要請するロールのうちには、このジャンルのいびつさが少なからず現れます。

本書は、乃木坂46がときにためらいがちにこのジャンルに対峙するさま、もしくは要請されたロールをいかに演じるか、あるいは演じないかといった営みを、ある角度から捉えていきます。そこには乃木坂46というグループに特有なアティテュードをうかがうことができますが、同時にそれら乃木坂46の振る舞いは、アイドルというジャンルがもついびつさに対する、ジャンル内からの問い返しとして読み解くことができるのではないか。そしてその問い返しは、慢性的ないびつさに対する新たな価値観の模索になりうるのではないか。この本が念頭に置くのは、そのような視座です。『乃木坂46のドラマトゥルギー』という書名には、おおよそここに書いたような意味合いが込められています。もちろん、乃木坂46を主題にした本なので、ある程度まで乃木坂46の来歴や特性をなぞりながら進んでいくことになります。とはいえ、乃木坂46の軌跡を網羅的に語るものでも、あるいはこのグループを全方位的にたたえるものでもありません。それでもなお、本書の問いかけが乃木坂46という固有名だけでなく現代のアイドルシーンについての視野を、いくぶん細やかなものにするための一助になればと考えています。

第1章

AKB48の〈影〉と演劇への憧憬

1　〝どうせアイドルだし〟――ポップアイコンの困難

本書は、アイドルという職能の理解されにくさを起点にしている。理解されにくさとは、たとえばかつての乃木坂46メンバー橋本奈々未が「アイドルの面白いところと、大変なところ」を問われた折に語った、以下のような認識に現れる。

橋本　私はその面白いところと大変なところが紙一重だと思っていて。アイドルという肩書きがあると、いろんなことができると思うんです。でもその反面、やってみたい仕事にそれぞれ本職の方がいる。アイドルってどこにも行けるけど、どこに行っても本職じゃないのでそれ以上には行けない。比べられる対象が多いのは大変だなと思います。アイドルって肩書きがあることによって評価してもらいづらいだろうなって。それは自分がそうってわけじゃなくて、いろんな人を見ていて思うんですけど。

――何をしても、良くも悪くも「どうせアイドルだし」と評価されがちですし。

橋本　そうなんです。やってる仕事の量はものすごく多いし、経験値もたくさん積んでるはずなのに、一本に絞ってないことによって「どうせアイドルだし」って見られてしまうのがかわいそうだなって思いますね。

（「BRODY」二〇一六年二月号、白夜書房）

橋本が「どこに行っても本職じゃない」という言葉を用いて実質的に指しているのは、実際に「本職じゃない」かどうか以上に本職扱いされないことそのものであり、いわばアイドルという立場が社会から向けられるまなざしのほうである。

ここで視野に入れている「アイドル」とは、主として二〇一〇年代に表現のフォーマットとして大きな広がりをみせた女性グループアイドルを指す。それらのグループは、社会的に大きな有名性をもち、多くの支持者を獲得する一方、常にその存在に疑問符が突き付けられてもきた。冒頭に引用した橋本による言及は、そうした葛藤の一端を示している。

ミュージシャンや俳優、モデルなど、ある単一ジャンルの専従者ならば、その人物がスペシャリストとして受け入れられることは比較的たやすい。けれども、さまざまなジャンルへと越境しながらそのつど自らの役割を探り当て、順応し続けるアイドルの営みは、しばしば「一人前」とみなされにくい。それは、一見すると他の芸能分野と並列するかのようにみえるアイドルというジャンルないし枠組みが、実のところそれら他ジャンルとはやや位相の異なる職能として存在するためだ。

これから試みるのは、その理解されにくいグループアイドルの職業的性格を解きほぐすことである。その際、本書は「演じる」という言葉を手がかりにして模索していく。それはひとつには、本書が主としてフォーカスする乃木坂46というグループが、そのアウトプットを通じて「演じる」ことに重きを置いてきたためだ。乃木坂46は、いくつもの水準にわたって、「演じる」身体としてのアイドルの可能性をみせながら活動して今日に至る。それらを追うことを通じておこないたいのは、必ずしも乃木坂46にだけ固有の性質を取り出して、このグループを特別視することではない。むしろ、今日あるようなアイドルという職業がもつ、より普遍的な性格を取り出してみせるための補助線として、乃木坂46の特徴的な実践に注目する。そうした道程によって、理解されにくいものとしてあるアイドルという職能の輪郭を縁取ってみたい。

あるいはまた、二〇一〇年代の女性アイドルシーンを特徴づけた価値観に対して、乃木坂46がどのように対峙したのかを捉えるための導きとしても、「演じる」という言葉を用いていく。乃木坂46がアイドルシーンの当事者として立ち回るためにおこなってきた「演じる」ことの実践について考えると同時に、このグループがあるロールを「演じる」ことに対して、ためらいをみせてきたのではないか。それが、本書の見立てのひとつである。

その見立ては、グループアイドルを中心に活況を呈してきたこの十年あまりのアイドルシーンの、慢性的な困難を照らし出すものでもある。二〇一〇年代に、多人数型のアイドルは多くの人々の耳目を持続的に集めるためのアトラクションを作ることに成功した。その成功は、このジャンルに携わる人々に、多様な表現の場や新たなステップを用意する土壌を生んだ。しかし一方で、そのアトラクション自体が困難を抱え込んでおり、ときに実践者であるアイドル当人たちを追い詰め、あるいは社会全般からの乖離を引き起こしてきた。乃木坂46の営為のうちにみられるある種の「ためらい」に着目することで、その問題性の一端を看取しながら、さらにその慣習や価値観をいくばくか更新するような新たな胎動まで読み取ることができればと考えている。

ともかくも、まずは乃木坂46を生み出すルーツであり、二〇一〇年代アイドルシーンの土壌を整備したモンスターグループ・AKB48が、アイドルという枠組みに何をもたらしたのかを概観していく。

社会に浸透するAKB48

AKB48は二〇一〇年代を通じて、アイドルという言葉を聞いて思い浮かべるものの代表格としてあった。〇五年に結成されたAKB48は、特に一〇年代に入るあたりから、過剰なほどの手数をもって人々の生活を取り巻くようになる。テレビや雑誌のなかに、駅や電車内や街中で見かける広告のなかに、彼女たちの姿はあふれるように存在してきた。好意的に受け止められるにせよ、揶揄や嫌悪の対象になるにせよ、AKB48は日本社会で生活する者にとって無視しがたい、巨大なインパクトをもつ存在であり続けた。「アイドル」と位置づけられ多大な名声を得た女性グループが何年にもわたってそのような過剰な何かとして日本社会に君臨し続けることは、きわめて例外的な事態だった。

もっとも、何がAKB48をそこまで過剰で巨大な存在にしたのか、AKB48とはそもそもどのようなエンターテインメントなのか、その答えは必ずしもシンプルではなく、また広く了解されているわけでもない。

AKB48にまつわる言論が活発に生み出された二〇一〇年代前半、このグループの画期性としてしばしば論じられたのは、「女性アイドル」の主たる活動場所をAKB48が大きく転換させたことについてだった。

もともと日本社会においては、アイドルと称される芸能ジャンルがテレビから誕生したこともあって、アイドルの標準的な活動の場はテレビだと考えられてきた。それに対してAKB48は、女性アイドルというジャンルの主戦場をテレビメディアではなく、ライブや握手会などのイベント、いわゆる「現場」へとシフトさせたとされる。AKB48についていえば、東京・秋葉原に設けられた常設劇場・AKB48劇場が第一にその「現場」になる。草創期から今日まで、同劇場での公演がグループにとって最もベーシックな活動に位置づけられ、以後各地域に派生的に生まれた姉妹グループもまた、本拠地に劇場を置いて同様の活動をしていることを踏まえれば、AKB48が「現場」に重きを置く組織であるという説明は、ある程度妥当なものだ。

やがて、AKB48が国内屈指の知名度を誇るグループになっていったことで、女性アイドルシーン全体に、ライブや対面型イベントといった「現場」こそがアイドルの主たる活動場所であるという認識が浸透していく。このとき重要なのは、出演者として座席を得るためのハードルが高いテレビメディアとは違って、「現場」はライブイベントを成立させられる空間さえあれば、立地を問わず誰もが比較的容易に作り出せるということだ。このことは必然的に、アイドルというジャンルへの参入障壁を著しく押し下げた。AKB48の後を追うように、規模を問わず大小さまざまのアイドルグループが次々と誕生し、全国のライブハウスやショッピングモールの広場、CDショップの一角、あるいは街の路上に「現場」を求め、活動の基盤にしていった。

もう一点、「現場」と並んで女性アイドルの必須項目になったのが、インターネットを用いてのアウトプットだった。とりわけブログや「Twitter」などのSNS（ソーシャル・ネットワーキング・サービス）を駆使した発信はアイドルにとって、自らの芸能活動を発信し自己の見せ方をプロデュースするための標準装備になった。既存のマスメディアへのコネクションをあらかじめもたずとも多くの人々にリーチすることができ、また他者による編集も最小限にとどめられるSNSは、アイドル各人が自らのパーソナリティを開示して、受け手の興味や愛着を引き寄せる重要なツールとしてある。

SNSを中心にしたインターネットの活用という点でも、AKB48はトップランナーであり続けてきた。姉妹グループを含めてAKB48グループに属する大勢のメンバーが常時複数の種類のSNSを用いてテキストや画像、映像を発信し、同じくSNSを標準装備したファンたちとリアルタイムで往還を繰り返す。それは受け手たちの日常生活に、アイドルというエンターテインメントが絶え間なく浸透しているような風景である。

「現場」やSNSがアイドル活動のスタンダードになるならば、テレビなどのマスメディアに頼らなくとも、「アイドルになる」ことは容易になる。AKB48の隆盛に導かれるようにアイドルグループが急増したことは、「アイドル」たりえるための〈場〉を無限に作ることができる今日の環境だからこその現象といっていい。そのように二〇一〇年代のアイドルシーンを方向づけた旗手が、ＡＫＢ48だった。

ただし、ＡＫＢ48というグループの巨大さの理由は、「現場」やＳＮＳといった「脱テレビ」的な側面ばかりに注目して説明すれば十分というわけではない。ＡＫＢ48は既存のマスメディアを脱する存在であると同時に、旧来のマスメディア中心の価値観をこれ以上なく活用しつくしてもきた。ＡＫＢ48の並外れた有名性は、何よりテレビを中心とした従来のマスメディアに頻繁に登場することによってこそ保たれてきた。すなわち、「現場」やＳＮＳを通じた表現のトップランナーとして、現代型のグループアイドルとして位置づけられるのと同時に、テレビコンテンツや雑誌、広告などの既存メディアによってこれ以上なく「マス」な存在であり続けた。あるいは「オリコンランキングをハッキングした」という指摘がたびたびなされてきたように、ＡＫＢ48は同一タイトルのＣＤの複数枚購入を促す施策によって、音楽セールスの指標で群を抜いた数字を記録してきた。旧来型の売り上げランキングの権威を引き続き活用するこの施策は、ＡＫＢ48の姉妹グループや乃木坂46に限らず多くのアーティストの活動に組み込まれ、現在もアイドルビジネスの慣例として生き続けている。

今日的なメディア環境の駆使と、従来型のマスメディアに支えられた巨大な有名性や人員規模の大きさ、またその大きさを可能にする資本や企画性の強さとが結び合うことによってこそ、ＡＫＢ

48は「国民的」と称されるようなグループになることができた。

「アイコン」を担う

もっとも、彼女たちの有名性のありようは、単に一歌手として、一音楽グループとしてのそれとはいくぶん異なる。まさにこの部分に、アイドルの「理解されにくさ」がある。

AKB48は、おそらく一般的には音楽グループとして認知されている。代表的な活動が楽曲リリースやライブ活動を軸にした楽曲パフォーマンスであり、音楽の売り上げランキングで突出した数字を出していることを考えれば、それはひとまず自然なことといえる。

他方で、われわれがAKB48を目にするとき、彼女たちの音楽活動を見ているのと同等かあるいはそれ以上の頻度で、さまざまなマスメディアで広告の顔として、あるいはバラエティ番組の出演者として、俳優として、またはモデルとしての役割を遂行するさまを見ている。彼女たちは時機に応じてそれらいくつもの既存ジャンルを横断し、自らの有名性を背負いながらそれぞれの場を成立させるためのアイコンを演じる。そしてまた一方では、その圧倒的なメディア露出を梃子にして、本来グループ内の群像劇を生成するために企画された内輪向けのイベント——選抜総選挙、じゃんけん大会による選抜、グループをシャッフルする組閣など——に人々の注意を向けさせ、巨大なメディアイベントに仕立ててきた。そのなかで生み出されるいくつもの群像劇で人々の注目を引きながら強引に社会を巻き込み、ポップアイコンとしての存在感を再生産してもいる。そのようにして我々の環境を取り巻くアトラクションの渦としてあるのが、ＡＫＢ48というエンターテインメントである。そのなかで各メンバーは社会のあらゆる局面に〈顔〉として立ち現れ、その場を成り立たせていく。いうなれば、ポップアイコンを引き受ける役割として存在することになる。

この「あらゆる局面に〈顔〉として立ち現れる」という役割は、ひとつの職能であるとはみなされにくい。前述したように、ミュージシャンや俳優、モデルといった既存の単一ジャンルの専従者であれば、その職業的性格にスペシャリスト性を容易に投影される。対して、多種多様な場に即応して「アイコン」として立ち回り続けることそれ自体が職能とはみなされにくい彼女たちは、あくまで非熟練者としての位置づけを与えられることが少なくない。

さらには、本来的にＡＫＢ48という組織が自らを所属メンバーの「一人立ち」のためのステップとして位置づけていることもあり、ＡＫＢ48をめぐる議論には「発展途上の未熟な存在」として彼女たちを扱うものが多い。加えて、さまざまなジャンルに越境する機会が彼女たちに開かれているのもまた、ＡＫＢ48が所属メンバーにネクストステップを用意する場であることと無関係ではない。そうした状況もまた、さまざまな位相でそのつどアイコンを演じるという、アイドルの職能そのものがもつプロフェッショナル性を意識させにくくする。

ともあれ、既存の単一ジャンルの専業者にこそ芸能としての正統性を見いだす枠組みは、さまざまな水準でそのつどアイコンを演じてみせるアイドルという存在を評価するには、いかにも限界がある。巨大な有名性を背負い、数限りない場で〈顔〉を演じてみせる今日の女性アイドルグループは、おおよそこのような難しさを帯びている。

冒頭に示した橋本奈々未の問題意識に関して手短な俯瞰をするならば、以上のようになる。そして、これから乃木坂46の営みの検討を経由しながら問いたいのは、アイドルという存在が何を体現し、照射しているのかということである。とりわけ「演じる」存在としての乃木坂46をキープレイヤーとすることで、アイドルという存在が内包する意義と困難との双方を浮かび上がらせるための模索をおこなう。それは、ここまで記述してきた骨格に具体的な肉づけを施し、アイドルという職能をよりクリアに指し示すための、アンサーのひとつになるはずだ。

2　AKB48の〈影〉

よりどころなき「公式ライバル」

もはやいささか据わりが悪いフレーズになったが、乃木坂46には「AKB48の公式ライバル」なる謳い文句があった。メンバー募集時に掲げられたこの言葉は、乃木坂46のデビューから幾年かが経過し、次第にメディアを席巻するようになってのちも時折呼び出され、グループを紹介する際に代名詞として繰り返された。過去のマスメディアを少しさかのぼれば、そのキャッチフレーズこそが彼女たちの草創期のアイデンティティとされていたことが容易に見て取れる。

AKB48の「公式ライバル」になるとはどういうことだったのか。乃木坂46が結成されたのは二〇一一年の夏のこと、そのときAKB48は日本全体を巻き込む巨大現象になりつつあった。乃木坂46が最終オーディションで第一期メンバーを選出した三日後の八月二十四日、AKB48はシングル『フライングゲット』をリリースし、発売初日で百万枚超の売り上げを記録する。これはオリコンランキング史上初のことだった。

そのような当代随一の巨大グループの「公式ライバル」という謳い文句を掲げて世に生まれ出る以上、乃木坂46は独立した一グループであるよりも、AKB48が舗装した道を追う派生集団として目される。もちろん、それ自体はネガティブなことではない。AKB48に対抗する初めてのグループとして公認されることは、乃木坂46を世に認知させていくに際して、このうえないアドバンテージになったはずだ。

とはいえ、「公式ライバル」というその惹句は、実のところそれほど新鮮に響くものではなかった。というのも、二〇〇〇年代後半からAKB48が膨張していくプロセスのなかで、すでにAKB48自身がその内部に、ライバル的な存在を生み出していたためだ。

AKB48初の姉妹グループとして二〇〇八年に名古屋・栄を拠点に結成したSKE48は、一一年の時点で数年のキャリアをもつグループになっていた。「公式にライバルを作る」という想像力を喚起させた点でいえば、SKE48の誕生が何年も早く先んじていたといえる。また、大阪・難波を本拠にするNMB48も同年、デビューシングルがオリコンウィークリーランキング一位を獲得していた。さらには乃木坂46の結成と前後するタイミングで、福岡・博多にHKT48も誕生している。

つまり、わざわざ「公式ライバル」という言葉を発明しなくとも、AKB48に対抗する存在は姉妹グループ内に探すことができた。それらの姉妹グループは、原則として東京を拠点にしていたAKB48がそのプロジェクトを各地に浸透させ、日本全土を取り巻いていくダイナミズムのなかで、ごく自然に生まれ出てきた。そんな一連の流れを踏まえれば、AKB48の関連グループの増殖は、すでになじみがあるものだった。乃木坂46というグループもまた、第一報としてはそれら派生グループのひとつとしての趣が強かった。

しかしそれは、乃木坂46が他の姉妹グループと同様に、AKB48のプロジェクトに溶け込んでいくこととも少し違った。なるほど、「公式ライバル」という肩書は、AKB48と積極的に関わりをもつ他の姉妹グループとは異なり、ある意味でAKB48とは一線を引く存在であることを示している。けれどもそうした文言上の相違以前に乃木坂46は、AKB48や他の姉妹グループと〝同じになる〟ことがそもそも不可能だった。

その不可能さは「場所」に起因する。AKB48が東京・秋葉原に専用の常設劇場をもち、その劇場を拠点に連日のライブをおこなってきたことはすでに述べた。常設劇場をベースに活動するという理念は、続くSKE48以降に派生した姉妹グループにも継承され、各グループは名古屋、大阪、福岡、新潟、瀬戸内とそれぞれのグループの本拠地に劇場を構えて日々ライブを催し続ける。結成時とは比較にならないほどのマスメディア露出を獲得して以降も、地域に根づいた活動が各グループの基盤であるという原則を一貫して保ちうるのは、このシンボル的な拠点があるためだ。

しかし乃木坂46には、専用劇場をもつという構想がなかった。それは何より、乃木坂46に「現場」がないことを意味する。先に述べたとおり、受け手と空間を共有してパフォーマンスを見せるための「現場」は二〇一〇年代前半の女性アイドルにとって最もベーシックな要素であった。その基準からすれば、「現場」が定められていないことは、アイドルとしての活動の重心が曖昧になることに限りなく近い。ＡＫＢ48やその姉妹グループと同じく特定の地名とのリンクを強く意識したグループ名をもちながらも、拠点としての「現場」をもたなければ、その土地に根づいた活動をおこなうことはかなわない。ＡＫＢ48の各姉妹グループがそれぞれのグループ名に地域を背負い、地元を味方につけていく一方で、乃木坂46には背負うべき土地がなかった。

この段階で、「公式ライバル」というフレーズが具体的に何を目指しているのか、看取することは難しい。グループのスタート時点ではただ、レコードレーベルが所有していたビルの所在地「乃木坂」と、「公式ライバル」という大きすぎるラベルとが、このグループに貼り付いているばかりだった。

シャドーキャビネット

もっとも、活動初期のコンテンツには「公式ライバル」という文言をなぞるような作品をうかがうこともできる。結成翌年の二〇一二年二月に発売されたデビューシングル『ぐるぐるカーテン』

収録の楽曲「会いたかったかもしれない」がそれである。「会いたかったかもしれない」というタイトルは、ＡＫＢ48のメジャーデビューシングル楽曲「会いたかった」（二〇〇六年）をパロディ的に踏まえたものだ。またその楽曲内容は、ほとんど人を食ったようにＡＫＢ48版の「会いたかった」を踏襲している。すなわち、オリジナルの楽曲「会いたかった」をマイナー調に変え、歌詞は「会いたかった」と同一のままカバーしているのだ。「公式ライバル」というコンセプトを基準に乃木坂46を考えるならば、デビューに際してまず提示されたのは、ＡＫＢ48初期の代表曲をこれ以上なく具体的に意識した作品だった。

グループを統括する乃木坂46合同会社代表の今野義雄は、構想段階の乃木坂46について、「秋元先生がＡＫＢのシャドーキャビネットみたいなものを作りたいというプランがあり、ソニーでプレゼンして企画を成立させようという話があって、プロジェクトリーダーを任されました」（「ＭｄＮ」二〇一五年四月号、エムディエヌコーポレーション）と振り返る。ここで着目すべきは、引用内で言及されているＡＫＢ48グループと乃木坂46双方のプロデューサーを兼ねる秋元康や今野が企画段階の着想として念頭に置いた「シャドーキャビネット」という言葉である。シャドーキャビネットとは、政治の文脈で、野党が政権交代に備えて構想する、想定上の閣僚組織を指す。つまり、ライバルとして設定されたＡＫＢ48を「与党」になぞらえたとき、「野党」が構想する「〈影〉の内閣」に乃木坂46を見立てている。ＡＫＢ48に不穏に随伴するような「会いたかったかもしれない」という楽曲は、この着想の延長線上にあるものといえる。

この〈影〉の着想は楽曲それ自体だけでなく、ミュージックビデオ（MV）にも反映された。かつてAKB48版の「会いたかった」MVの監督も務めた久保茂昭を招聘して制作された「会いたかったかもしれない」MVは、その大部分において、ロケーションから人物配置、カット割りまで「会いたかった」の映像をそのまま反復したような撮影、編集がおこなわれている。さらには、メンバー個々のレベルでも、「与党」のメンバーと画面上の立ち位置を対応させるような試みがうかがえる。たとえば、AKB48の絶対的な象徴としてあった前田敦子が「会いたかった」MV上で立つ配置に対して、「会いたかったかもしれない」MV上では、対応するカットのことごとくに、デビュー以降乃木坂46のシンボル的ポジションを任される生駒里奈を配置している。同じように、前田と拮抗する代表的メンバーだった大島優子の位置に対応するカット群には、やはり乃木坂46で中心メンバーとなる生田絵梨花が、大人っぽさやクールなイメージでモデルとしての道を切り開いた篠田麻里子の配置には、それに対応するように独自の存在感を築いていく橋本奈々未が置かれた。乃木坂46楽曲のMVとして最初期に制作されたのが、この「会いたかったかもしれない」である。すなわち、彼女たちがグループの作品として初めて演じたのは、女性アイドルシーンの覇権を握る巨大グループの写し絵だった。

個々のメンバーのレベルでもAKB48の〈影〉を表現するように細やかに制作された「会いたかったかもしれない」MVは、なるほど「公式ライバル」の具現化であった。そしてまたこのMVは、この時点の乃木坂46が、きわめて直接的にAKB48に由来する想像力のもとにあったことを刻印するものでもある。

3　発端としての演劇

形骸化した〈影〉

もっとも、のちの乃木坂46の展開がすでに周知のことになっている時点から顧みれば、このギミック的な〈影〉のコンセプトは進展することなく退色していったようにみえる。そもそも、「会いたかったかもしれない」が収録されているデビューシングル『ぐるぐるカーテン』のリリースは、AKB48の〈影〉をなぞるよりも、むしろAKB48とは著しく雰囲気が異なる、乃木坂46特有の色を模索する第一歩だった。表題曲「ぐるぐるカーテン」ではフレンチポップスを意識した楽曲を採用し、AKB48やその姉妹グループのスタンダードからは明らかな距離を置いた。以降、活動初期のフレンチポップス路線を離れてからも、乃木坂46はAKB48と趣を大きく違えて独自路線を歩み、二〇一〇年代なかごろには「君の名は希望」（二〇一三年）や「何度目の青空か？」（二〇一四年）といった作品に代表されるミドルバラードがグループの基調を示す楽曲になっていた。その段階でもまだ、作品のリリースが告知されるたびに「AKB48の公式ライバル」という文言は繰り返されていたが、AKB48をことさらに追尾するような施策や競争的なスタンスを打ち出すわけではなく、

「ライバル」という文言はほとんど形骸化していく。

さらにその後、ファッションアイコンとしての支持を拡大し、あるいはのちに詳述していくように、俳優を輩出する組織としての足場を築くなど、オリジナルのブランディングを築き上げてきた足跡までを視野に入れれば、ＡＫＢ48の〈影〉としての性格はいっそう希薄になる。かつてのシャドーキャビネットを体現した「会いたかったかもしれない」は、その後も乃木坂46のライブで披露されている。ただし、その楽曲にもはや当初の文脈を読み取ることは難しい。シャドーキャビネットを起点にした物語は、その役割をとうに終えているといっていい。

それでもなお、ＡＫＢ48の〈影〉にここでふれたのは、この見立てに別の側面から光を当てるとき、乃木坂46が独自の発展を遂げる礎のひとつが見いだされるためだ。それは単なるシャドーキャビネットとしての意義を食い破り、やがてアイドルという職能や、アイドルが「演じる」ことについて捉えていくための手がかりになる。

鍵になるのは、ＡＫＢ48と乃木坂46をつなぐ人物、つまり双方のプロデュースを務める秋元康が口にする憧憬である。

舞台演劇への憧れ

秋元は自身の発想の源を語る際に時折、舞台演劇への憧れを口にする。十七歳でつかこうへいの『熱海殺人事件』を観たことが観劇の始まりだったという秋元は、「僕はお芝居からの影響を強く受けていて、東京キッドブラザース、ミスタースリムカンパニー、つかこうへい事務所、東京ヴォードヴィルショー、東京乾電池…、皆、面白かった！」（渋谷・コクーン歌舞伎第十四弾『三人吉三』パンフレット、二〇一四年）と、若き日のインプットの記憶を振り返る。秋元の仕事についていえば、演劇からのインスパイアとしてよく知られるのは、ＡＫＢ48グループにみられる常設劇場を基盤とした活動スタイルが、宝塚歌劇団などをモチーフにしたものであることだ。ＡＫＢ48の発足から間もない二〇〇六年、秋元はＡＫＢ48劇場という着想に至るまでの経緯を次のように語っている。

たとえば、何かのミュージカルを観に行ったときに、「毎日通える宝塚や劇団四季みたいなものがあったら、面白いだろうな」と思ったりするわけです。そして、「そうだ、宝塚のアイドル版があったら、もっと面白いんじゃないか？」と考えているときに、偶然「いま、秋葉原がブームらしいよ。日曜日ごとにグラビア・アイドルの撮影会とかすると、すごい人が集まるらしいから……」と聞いて。「だったら秋葉原でやったらいいんじゃないかな」となっていったわけです（笑）。

（「BIG tomorrow」二〇〇六年五月号、青春出版社）

また、ＡＫＢ48が二〇〇六年十月にシングル『会いたかった』でメジャーデビューする際に配布されたフライヤーにも、その着想のルーツは明確に記されている。

これまでのアイドルたちとは違い、劇場を拠点としながら全国で広く愛されている、吉本新喜劇や宝塚歌劇といった一流のエンターテイメントを目指す彼女達。実体が見えないものが多い混沌とした今の時代に一番必要とされている〝生の感動〟を感じることが出来る〝劇場〟。そんなエンターテイメントの基本である劇場から新しい才能を世に送り出していきます。

（ＡＫＢ48「会いたかった」販促フライヤー）

のちのちまでＡＫＢ48に関する分析でたびたび登場する、宝塚歌劇団などの上演形式との相似は、プロジェクト初期からきわめて自覚的に打ち出されていた。

また、ＡＫＢ48の構想は宝塚歌劇団や劇団四季、吉本新喜劇のような、比較的多くの人々を集客できる規模の常設劇場ばかりでなく、小劇場がもつ特有の熱気からも影響を受けている。秋元は「僕は六本木の自由劇場、僕らの世代だとジァンジァンやエピキュラス、東急劇場などの小劇場が好きで、それをやりたいとＡＫＢ48劇場を始めたんですよ」（前掲『三人吉三』）とも語る。ＡＫＢ48が比類なきモンスターグループに成長したのちでも、変わらず収容人員二百五十人規模の劇場に拠点を置くＡＫＢ48の背景に、そうした小劇場への親近感を見て取ることもできるだろう。

いずれにしても秋元が手がけたプロジェクトの背後には、彼の舞台演劇への憧憬が強くにじんでいる。そして、ことＡＫＢ48についていえば、彼のその憧憬は何よりも常設劇場という「ハコ」を主役にして実現した。それは、以降に続く姉妹グループを含めたＡＫＢ48グループ全体の代表的な特性として、いまなお最も重要なよりどころになっている。

ＡＫＢ48と乃木坂46――「演劇性」の表裏

一方で秋元は、その演劇への憧憬を他のプロジェクトにおいても、別のアプローチで吹き込もうとしていた。それを託されたのが、ほかならぬ乃木坂46である。初期の乃木坂46の振付を南流石に依頼したことについて、秋元は次のように述べている。

振り付けを南流石さんにお願いしたのも、どこで差別化するかと考えたときに、お芝居がちゃんとできるグループを作りたいと思ったからです。ミュージカルみたいなことをやれないかと。それは僕の中の憧憬として、高校生の頃に見た、東京キッドブラザースとか、そういうのがあったのかもしれないですね。（「日経エンタテインメント！」二〇一五年二月号、日経ＢＰ社）

あるいはまた、乃木坂46のコンサートについても、自らが構成を手がけるならばという仮定のもと、次のようなイメージを語る。

ライブの演出や構成は現場スタッフに任せていますが、もし僕が構成をやっていたとしたら、前半は女子校の演劇部のように、チェーホフの芝居を見せて、それからライブに入るみたいな

アイデアを出していたかもしれません。（同誌）

秋元のなかにある舞台演劇への憧憬は、乃木坂46に対しても引き続き託されているといえるだろう。ただし、ＡＫＢ48と乃木坂46それぞれに投影される「演劇」性は、同じ人物の憧憬から発したものではありながらも、その性格が分離している。

ＡＫＢ48やその姉妹グループの特徴である専用劇場を用いた連日の公演は、宝塚歌劇団などのように劇場を介して特定の地域にグループを根づかせる、「ハコ」としての側面を整備したものである。他方、そうした劇場をもたない乃木坂46に託されているのは、いわば上演内容としての「演劇らしさ」だった。別の表現をすれば、ＡＫＢ48グループで実現した「毎日通える」システムには載せることができなかったライブパフォーマンスとしての演劇性を、乃木坂46の活動のうちに補完しようとする構想にも映る。一見すればもはや今日、ＡＫＢ48の〈影〉としての乃木坂46という見立てはほとんど無効ではある。ただし両者には、舞台演劇への傾倒という一貫した憧憬が、表裏のかたちで現れている。

舞台演劇というキーワードから探究を始めたのは、乃木坂46がその独自のエンターテインメントを成熟させていくうえで、不可分の要素として浮上してくるのが演劇ないしは演技への傾斜であるためだ。そうした演劇性への入り口として、まずは秋元康を結節点に、二〇一〇年代のアイドルシーンの立役者であるＡＫＢ48との関わりのなかで解釈を試みた。

次に目を向けるのは、乃木坂46草創期に中心的な活動として構想されていたコンテンツのありようである。それは、秋元が語ったような演劇上演への志向が具体的に、あるいはいびつに立ち現れたものになる。

もっとも、これは乃木坂46を秋元康という人物の掌中にある物語として回収するものではない。むしろ、やがてみていくように、乃木坂46は秋元が手がけた先行グループによって育まれた価値観へのためらいを示し、静かに問い返す振る舞いをみせる存在としてもある。やや先取りして敷衍すれば、そのためらいはアイドルというジャンルばかりでなく、より広く社会に埋め込まれた風潮を相対化する契機を示唆するものでもあるはずだ。

第2章

演劇とギミックのはざまで

1　『16人のプリンシパル』

「物語性」を宿す

前章では演劇を補助線にしながら、ＡＫＢ48と乃木坂46それぞれの成り立ちに表裏の関係を見いだそうとした。すなわち秋元康の演劇への憧憬が、ＡＫＢ48では常設劇場という「ハコ」へ、乃木坂46では上演内容としての「演劇らしさ」へと分岐したのではないかという見立てである。この見立てに呼応するような構想は、乃木坂46第一期メンバーを決定する最終オーディション時に秋元康が語った、次のような言葉のうちに垣間見ることができる。

> 乃木坂46は専用劇場を持っていないので、様々な場所で活動することになるでしょう。公演は歌だけじゃなく物語性のある内容にしたい。また、一回の公演を前半と後半に分け、休憩時間中に観客による人気投票を実施する。その結果が後半でのポジションに反映されるということを考えています。ＡＫＢ48は、年に一回の総選挙で選抜が決まるが、乃木坂46は毎回の公演が総選挙みたいなもの。これは、過酷ではあるけれど、チャンスが増えるとも言える
>
> （「FRIDAY」二〇一一年九月九日号、講談社）

乃木坂46の活動開始に先立つ段階で秋元は、常設劇場（「ハコ」）の有無を念頭に置きながら、上演内容に関しては、「歌だけじゃなく物語性」を志す点にＡＫＢ48グループの公演との差異を求めようとしている。もっとも、この構想が語られた二〇一一年の時点ではまだ、その「物語性」が何を指すのか定かではなく、乃木坂46というプロジェクトがどのようなエンターテインメントを思い描いているのか、のちの展開を予見することは難しかった。もちろん、すでにみたように秋元はＡＫＢ48の発足に関連して、宝塚歌劇団や小劇場演劇への憧れを各所で語ってはいたし、以降もさまざまな演劇への言及を断続的におこなっている。けれども、それらは一見すると秋元の個人的な体験や追憶を言葉にしたものにすぎず、誕生したばかりの乃木坂46と直接的に結び付けられるものではなかった。

何より、乃木坂46結成の時点で「ライバル」として公認されたＡＫＢ48は、歌やダンスを形式上の主活動としたいわゆる「アイドルグループ」として巨大なものになっていた。第1章でふれたように、ＡＫＢ48がすでにパフォーマンス形式や人数的な規模の似通った姉妹グループを複数誕生させていたことも手伝って、乃木坂46がそうした姉妹グループの派生の一環として目されることは自然であった。また、先に引用した秋元の言葉には、「公演」「投票」「選挙」といった、ＡＫＢ48が呼び物にしてきたコンテンツを連想させるフレーズがいくつも登場している。そのために、乃木坂46の活動を予測するとき基準になるのはあくまでＡＫＢ48であったし、秋元が「公演」と口にすれば、それはＡＫＢ48が専用劇場で開催しているような音楽ライブがイメージされる。秋元が十代のころから抱えている舞台演劇への憧れを、乃木坂46を読み解く補助線として持ち出すような発想は、少なくともこの時点では理にかなったものではなかった。

しかし翌年、前述の秋元のプランは「演劇」に強く舵を切るものとして実現した。それが、舞台公演『16人のプリンシパル』である。一面では、この企画は乃木坂46が「演技」へ注力していくことを告げる、自らのアイデンティティの宣言になった。ただしまた、のちにみていくようにＡＫＢ48的な想像力をその構造のうちに色濃く宿したエンターテインメントとしても存在することになる。その意味では、乃木坂46がＡＫＢ48の育んだ価値観に、内側から対峙する最初期の機会だった。

俳優を育む組織

秋元は乃木坂46の初期構想に関して演劇的な意匠を語っていたが、乃木坂46のクリエイティブを実質的に統括する今野義雄の言葉からは、さらに具体的にその目指すところがうかがえる。乃木坂46を手がけるにあたって、「芝居ができるアイドルを確立したい」「ひとつの〝劇団〟のような女優集団を目指したい」というイメージを抱いていた今野は、「将来的に、彼女たちが一線級の役者と並んでも遜色がないように羽ばたいてほしいという想いもあるんです。『16人のプリンシパル』はそのベーシックな部分を作るためでもあり、「乃木坂46とは？」の根幹なんですよ」（『OVERTURE』No.001〔TOWN MOOK〕、徳間書店、二〇一四年）と伝える。すなわち、『16人のプリンシパル』は、俳優を輩出する組織としての乃木坂46の、初期構想の具現化であった。

とはいえ、『16人のプリンシパル』が演劇〝だけ〟を上演するイベントとして催されたことはない。それは、秋元が口にしていた「公演を前半と後半に分け、休憩時間中に観客による人気投票を実施する」というスタイルが実践されるための場が、ほかならぬ『16人のプリンシパル』だったためだ。乃木坂46のデビューから半年ほどのち、二〇一二年九月に、『16人のプリンシパル』は初公演を迎える。

『16人のプリンシパル』は、簡潔に説明すれば第一幕をオーディションにあて、第二幕でそのオーディションに基づいたキャスティングの演劇を上演する二幕構成をとっている。もっとも、二〇一二年の公演は、後から振り返るならばまだ手探りのまま催されたプロトタイプともいえるものだった。

第一幕では、オーディションの審査対象であると同時にまだデビューして日が浅い彼女たちを紹介する機能も兼ねた、メンバーの自己PRがおこなわれた。そのPRをもとに、幕間の休憩時間中に観客がメンバーに投票し、その得票順位に応じて第二幕の演劇（二〇一二年の公演では『不思議の国のアリス』をモチーフにしたミュージカル）の配役が決まる。しかし二〇一二年の公演では、その自己PRと第二部で上演する演劇との間にとりたてて有機的なつながりを見いだすことは難しい。

他方、幕間に実施されるファンによる投票行動やそれに基づく順位決定は、いかにも「公式ライバル」であるAKB48的なアトラクションの型を想起させる。とはいえ、そこで生まれる序列にグループ全体としてどのような意味を見いだせばいいのか、いまだ不明瞭なままだった。そもそも、第二部の「演劇」が乃木坂46にとってどのような位置を占めるのか、このときにはまだ明らかではなかった。

2　二つの志向の合流地点

パーソナリティを映す装置

翌二〇一三年の五月から六月にかけて開催された『16人のプリンシパル deux』（以下、『deux』と略記）では、前年に比べてこの企画の目指すところがいくぶんクリアになる。二度目の『16人のプリンシパル』として催された『deux』ではまず、企画の開催を知らせる第一報で脚本・演出を担当する人物の名を強調してみせる。劇団ナイロン100℃から喜安浩平を、劇団毛皮族から主宰の江本純子をそれぞれ脚本と演出に招聘したことを謳い、この公演が何より「演劇」を志向するものであることを明確に伝えた。

変化は『deux』の公演内容にも現れる。前年と同じく第一幕はオーディションにあてられるが、『deux』ではメンバーがそれぞれ、第二幕の演劇に登場する役柄のうち一役を指定して立候補し、その役柄ごとに脚本中の一場面を演じてみせる形式がとられた。つまり、第一幕のオーディション内容が、明らかに第二幕の「演劇」に奉仕するためのものになっている。また、第一幕の進行を仕切るのは演出を担当した江本純子だが、江本は半ば演者としてこの幕に参与し、のちに述べるようにこの第一幕に特有の虚構性を体現していく。『deux』は前年の公演に比較すれば、明らかに「演劇」への模索を見て取ることができるものだった。

ところで、繰り返すようにこのオーディションは『16人のプリンシパル』という舞台公演の第一幕として存在するため、その審査のなりゆき全体がそもそも「舞台」の一部として上演されている。そこでは、ある瞬間にステージの中央で審査を受けているメンバーはもちろん、後方に並んで審査を眺める順番待ちのメンバーの表情や挙動の一つひとつもまた、必然的に見物の対象、つまり「見世物」になる。このとき、受け手が享受しているのは、歌やダンスといったパフォーマンスでもなければ、「演劇」そのものでもない。メンバーたちが意識しないレベルのものまで含めた仕草や息遣いなど、演者としてその瞬間を生きる彼女たちのパーソナリティまでもが俎上に載せられ、オーディエンスによる消費の対象になっている。

個々のパーソナリティが享受対象になるという特性は、ＡＫＢ48をはじめとした二〇一〇年代の女性アイドルシーンが必然的に帯びてきたものだった。周到に編集されパッケージされた作品によってではなく、何を見せるか見せないかが制御しにくい「現場」やＳＮＳがアイドルの活動の大きな部分を占めていき、それらは彼女たちの自覚的なパフォーマンスも無自覚のパーソナリティの発露も含めて、ドキュメンタリー的に看取するための素材になる。これは、アイドルが「素」の姿を晒している、と単純に説明できてしまうほど素朴なものではない。「現場」やSNSで絶えずなされるアウトプットは、アイドルにとっての「オン／オフ」の境界を限りなく曖昧にしていく。その環境下で、ときに彼女たちは「素」と呼ばれるものさえも戦略的に開陳しながら、「アイドルとして生きる一個人」を上演する。そして、その上演によって現れる彼女たちの自意識や矜持、あるいは無意識の立ち居振る舞いこそが受け手に提示される。

「オン／オフ」の境界が曖昧になっていくなかで、当人たちがみせる「素」が本当に「素」であるのか、もしくは「素」と呼ばれる状態とステージ上で振る舞う姿とを截然と区切ることができるのかどうかさえ、実は不確かであることがみえてくる。現在、アイドルたちによってなされているのは、そのようなパーソナリティの上演である。この環境下で現在アイドルが「演じる」とはどのようなことなのか、乃木坂46の舞台上演をもとにしてのちに再度視野に入れることになる。

ともあれ、こうした性格を踏まえるとき、『16人のプリンシパル』第一幕は、演劇の前段階としての公開オーディションであると同時に個々人のパーソナリティを提示してみせる、現在のアイドルシーンと相性がいいドキュメンタリー装置でもあった。

ねじれた権限

ただし『deux』についていえば、その「ドキュメンタリー」のうちには、あからさまなフィクションが混在している。

『deux』の第一幕で乃木坂46のメンバーたちは、「乃木坂歌劇団第百五十六回公演『迷宮の花園』のオーディションを受けている」という設定で舞台に現れる。つまり、彼女たちが実際にオーディションを受けているさまは、同時に「架空の劇団のオーディション風景」という体裁の演劇でもある。この類いの装いは、二〇一二年の第一回公演や、のちにグループにとっての位置づけを大きく変えて上演される後継企画「3人のプリンシパル」にあっても皆無だったわけではない。けれども、『deux』では演出を務める江本の手によって、ドキュメンタリー性と虚構をない交ぜにしたこの企画の趣向がとりわけ強く浮かび上がった。

第一幕で毎公演の司会進行を務める江本は、演出家・江本純子そのものとしてではなく、「演出家ローズ・パープル」という役名で「乃木坂歌劇団第百五十六回公演『迷宮の花園』」のオーディションを仕切る。彼女が乃木坂46メンバー（＝オーディション受験者）に指示を出し、それを舞台上の「演出助手ムーン・シャドウ」（江本が手がける作品への出演も多い女優・柿丸美智恵が演じた）が補助しながら第一幕は進行する。つまりこのとき、マンガ『ガラスの仮面』（美内すずえ、〔花とゆめCOMICS〕、白泉社、一九七六年―）にインスパイアされた役名のこの二人だけは、舞台上で明らかにフィクショナルな人物として立ち振る舞う。

けれども同時に、江本と柿丸と舞台上の乃木坂46メンバーとは、稽古期間を含めて「演出者と演者」としての関係にある。すなわち、「オーディション受験者」が「演出家ローズ・パープル」に指導を受けるその姿には、そのまま乃木坂46メンバーと演出家・江本純子との関わりが二重写しになっている。特定の集団によってなされるスターシステム的な演劇においては、宝塚歌劇であれ歌舞伎であれ、フィクション上の人物とそれを演じるキャストのパーソナリティや関係性が強く重なり合って受容されるが、アイドルグループのパフォーマンスもまたその性格を強くもっている。そのようなアイドルの実存とフィクションの上演との関わりを本書はたびたび考えていくことになるが、乃木坂46初期の活動に見いだされる興味深い二重写しの表現として、この『deux』は記憶されていい。

また一方で、特権的な存在としてオーディションすべてを統率しているはずの江本にはただ一つ、この公演にとって最も重要な権限だけが与えられていない。すなわち、第二幕のキャスティングを決定する権利である。

先にふれたように『16人のプリンシパル』では第一幕終了後に、幕間の投票によって第二幕のキャスティングが決まる。その投票権をもつ観客たちは江本と対照的に、キャスティングの権利はもっているがオーディションの進行には一切介入できず、第一幕の上演中は傍観者でいるほかない。つまり、まだデビューからの歳月も浅くパフォーマーとしての入り口に立つ乃木坂46メンバーたちはこの第一幕で、演劇のプロフェッショナル（江本）に率いられてドキュメンタリーと虚構がない交ぜになったオーディションに参加し、演劇の「素人」（観客）によって審査を受け、「投票」を経てランクが定められていくことになる。このねじれた権限は、AKB48に先導された二〇一〇年代女性アイドルシーンの大きな特性のひとつと、「女優集団」を志向する乃木坂46の模索とが絡み合った地点に生じたものである。

観客の投票によってある種の「民意」を吸い上げ、それが否応なく序列を作っていく点では、「公式ライバル」であるAKB48とも共通するイベント性を常にともなう。しかし、『16人のプリンシパル』は、平素の活動におけるメディア露出の度合いや人気、知名度とは異なる水準で審査される機会をもたらした。特に第一幕のオーディションが役柄ごとの立候補制になった『deux』以降、投票結果や配役は公演ごとの演技審査でのコンディションや立候補者のめぐり合わせに大きく左右されるようになる。それは、メンバー各人の「演技」を根拠に評価するよう、観客たちに促すものでもあった。アイドルグループとしてのシングル楽曲リリースやマスメディア露出に際して起用される選抜メンバーは、どうしてもグループの「顔」を選出するために人員が固定化される。これは組織として大きな知名度を獲得して各所でアイコンとして機能しうるための必然だが、『16人のプリンシパル』ではそうした活動とは異なる論理によってキャストが選出される。その意味で『16人のプリンシパル』は「女優集団」を志向するための初手であり、また組織内に複数の価値観を生む契機でもあった。

3　未完のコーラスライン

『16人のプリンシパル』の特殊な負荷

けれどもまた、『16人のプリンシパル』は、どこまでもウイークポイントをはらんだ企画でもある。公演ごとに配役がいかようにも変動するという性質上、参加メンバーは、第二幕のすべての登場人物たちの台詞や段取りをあらかじめすべて頭に入れることが、少なくとも形式上は必須条件になる。そのために、稽古期間中に定められた役に専心する余裕は与えられず、観客の投票行動に基づいて日々形成される序列に対応しなければならない。芸能者としてのキャリアがまだ浅く、そもそも必ずしも俳優を志望してグループに参加したとはかぎらない彼女たちに、この企画は特殊な負荷をかけるものでもあった。

もとより、ファンを巻き込みながら「民意」をエンターテインメントのうちに取り込む、AKB48が涵養してきた想像力と、「演劇」への注力とを折衷させたトリッキーな公演である以上、その目指すところはシンプルではない。通常イメージされる意味での「演劇」は第二幕で上演される演目にあたるが、この特殊な条件下では、第二幕を成熟させることはきわめて難しい。そしてまた、このトリッキーさは第二幕だけでなく公演全体にも、明らかな軋みとなって現れる。

三度目の開催になった二〇一四年の『16人のプリンシパル trois』（以下、『trois』と略記）では、その軋みがあからさまに顔をのぞかせた。劇作家・演出家の福田雄一を脚本・演出に迎えた『trois』では、「コメディ」がテーマに掲げられた。福田のキャリアとも親和性が高いこの新たなテーマの導入によって、第一幕のオーディションにもアレンジが加えられる。希望の役柄にメンバーが立候補するところまでは前年と同じであるものの、希望の役柄が重なったメンバーたちは、その役柄のワンシーンを演じるのではなく、グループになってコントを演じ、そのコントでのパフォーマンスが審査対象とされた。もちろん、コメディも演劇の範疇に含みうることを考えれば、このオーディションもそれまでとまったく異なるものを志向しているわけではない。

けれども、現場で観覧しているファンたちの投票行動に訴えるべく「受け」をねらった演技をせざるをえないという基本構造は、しばしば舞台上の演者たちの目指す先を見失わせる。即席の組み合わせでコントを上演するというアレンジによって浮上した「笑い」という審査基準も拍車をかけ、『trois』で彼女たちはこの企画の根本的な構造に翻弄されるように、役柄を演じるという本来的なパフォーマンスからしばしば離脱して瞬間芸的な「笑い」を求める方向に傾いていった。

すでに述べたように、『16人のプリンシパル』第一幕は、舞台上にいるメンバーたちのパーソナリティの発露が享受される場でもある。しかし、最低限の「演劇」への志向が保たれなくなるとき、まだキャリアが浅かったメンバーたちがこの公演で要求されるバランスを的確につかんで軌道修正することは容易ではなかった。

乃木坂46のメンバーだった橋本奈々未は、これら『16人のプリンシパル』シリーズの性質を当事者として次のように俯瞰してみせる。

「プリンシパル」は芝居を基礎から教えてもらえる場ではないので、演技力が身につくかといえばそう簡単でもなくて。私たちは投票システムによる舞台を、エンタテインメントとして成立させようと必死な部分が大きいんです。それと、今の方式だと、ファンの方は楽しめるけど、私たちを初めて見たような新規の方には分かりにくいイベントになってしまわないかが課題ですね。

（前掲「日経エンタテインメント！」二〇一五年二月号）

橋本は、ともすれば演者が翻弄されるままに終わってしまいかねない『16人のプリンシパル』の困難さについて、そのただなかに放り込まれる実践者の視線から的確に指摘している。少なくとも、ストレートプレイを念頭に置いた「演劇」としては構造的な困難を抱え続けることになるこのコンテンツは、開催のたびにその条件を含み込んだうえで最適な落としどころを探り続けなければならなかった。

『16人のプリンシパル』は二〇一二年から三年連続で上演されたのち、『trois』を最後にして翌一五年には一旦、企画そのものが途絶えた。かつて演劇への憧れをこの公演に託した秋元康による総括も、必ずしもポジティブではない。

本当はもっとプリンシパル中心で行くつもりだった。プリンシパルを中心に活動する、お芝居と音楽を合体したグループにしようと思っていたので。でも三回やってどうしてもイメージどおりの舞台が創れない。舞台でアピールタイムをやりたいわけでも、人気投票をやりたいわけでもなかった。本当にやりたかったのは『コーラスライン』みたいなもの。つまり最初にパフォーマンスを見せて、インターバルで投票してもらって、後半のどの役を誰がやったらいいか決めるという。ブロードウェイに『エドウィン・ドルードの謎』という作品があって、途中の休憩の間に観客の投票で犯人を決めて、後半はその設定でやる。そういうことをやりたいんだけど、なかなかできない。今後の課題だね

（『別冊カドカワ総力特集乃木坂46』vol.02〔カドカワムック〕、KADOKAWA、二〇一六年）

秋元が率直にイメージソースを示すように、『16人のプリンシパル』には、ミュージカル『コーラスライン』への素直なオマージュもうかがえ、彼の憧憬は端々に具現化している。同時に、初期に描いた理想像と実際の公演とのギャップについても、秋元はある程度まで捉えられているようにみえる。しかし秋元が口にする『16人のプリンシパル』の隘路は、ほかならぬ彼自身がAKB48に

託した「民意」のエンターテインメントと、乃木坂46の原初的なコンセプトとの折衷のもとに生まれたものでもある。

この公演のフォーマットそのものはブランクを経てのち、『3人のプリンシパル』と改称して二〇一七年に乃木坂46の三期生が、一九年に四期生がそれぞれ上演し、乃木坂46に加入した新たなメンバーたちの初期活動としての位置づけを与えられて受け継がれる。とはいえ、乃木坂46というグループ全体の中心的活動として構想されたコンテンツとしての『16人のプリンシパル』は、ここにきて当初の役割を終えることになる。

ただしそれは、乃木坂46が演じる者たちを涵養する組織としての志向性を後退させていく契機にはならなかった。むしろ、『16人のプリンシパル』といういささかギミック的な機構を含んだ企画から離れることで、よりストレートに「演じる」職能へとアプローチしていく。

第3章

「専門性」への架橋

1　アイドルと演劇

『プリンシパル』の先へ

二〇一五年は、乃木坂46にとって「演劇」志向のシンボル的な企画だった『16人のプリンシパル』が、デビュー以降初めて催されない年になった。『16人のプリンシパル』の休止は、乃木坂46の初期構想を支えてきたひとつのアイデアを手放すことでもある。代わりに、この年の乃木坂46は性質が異なる演劇公演を二つ企画した。あらかじめ配役が固定された戯曲を上演するそれらの二作品は、『16人のプリンシパル』に比べれば上演形態がずっとシンプルだった。

もっとも、そのシンプルさは、ある意味でよりどころを失い、それまでとは水準が異なるハードルを課されたことを意味する。前年までの『16人のプリンシパル』は、ファンの「民意」を直接的に巻き込みながら作られる上演形式に最大の特性があった。ステージ上だけでコンテンツを完結させないAKB48直系の想像力と、乃木坂46がもつ演劇志向とのミックスとしてあるこの企画は、「AKB48の公式ライバル」がグループ全体をあげての一大イベントとするに似つかわしいものだったといえる。『16人のプリンシパル』を離れて「シンプル」を目指すことは、「公式ライバル」という肩書がもつアドバンテージからはやや後退するようにもみえる。

しかしまた、二〇一五年を起点とする乃木坂46のこの模索は、「公式ライバル」という本来的に他者に依存したアイデンティティから自由になるための一歩でもあった。本章では一五年に催された二作品のうち、十月に渋谷・AiiA 2.5 Theater Tokyo で上演された舞台『すべての犬は天国へ行く』(脚本:ケラリーノ・サンドロヴィッチ、演出:堤泰之)に着目して、乃木坂46にとっての、あるいはアイドルグループにとっての「演劇」を考えていく。同年に上演されたもう一つの演劇公演もまた、乃木坂46の演劇性の展開にとってきわめて重要な役割を果たすことになる。そちらについてはのちに、アイドルが「演じる」という営為の輪郭がより浮かび上がった段階で、再度立ち戻ってアプローチすることになる。

スターシステムを手放す

「アイドルグループ」であることは、その演劇の性格を規定する。

通常、アイドルグループ主導の演劇公演が企画される際、原則として最優先課題になるのは、出演するアイドル自身を魅力的に舞台にのせることである。すなわち、戯曲や演出が第一に先行するのではなく、基本的には演者自身の魅力をメインに据えることが、アイドル演劇の主眼といっていい。一見して上演形式の特殊さに注目が集まる『16人のプリンシパル』もまた、その形式は演者たちのパーソナリティを照らし出す性質を強くもっている。その意味で、あの上演形式は演者たち自身の訴求力の最大化に奉仕するためのものだった。

ただし、演者第一の方針はとりたててアイドルによる演劇だけに固有の性質というわけではない。前章で宝塚歌劇や歌舞伎といったいわゆるスターシステムによる演劇との類似性についてふれたが、それら大規模の劇場で催されるいわゆる商業演劇にとって、出演者の有名性やチャームが最大の呼び物になることは前提条件でもある。その意味では、有名性を前提にした主要キャストの身体に特別な価値が置かれることは古典的といえる。もちろん、戯曲や演出よりも出演者の有名性や魅力が先行すること自体が、演劇としての完成度や善し悪しを決めるわけではない。スターシステム的な演劇ジャンルは、出演者のチャームポイントを強調するメソッドをそれぞれに生み出し、出演者自身も含めて携わる人々がその方法に最適化することでクラシックとしての強みを獲得してきた。演者第一という性格を考えれば、アイドルグループが主導する演劇もまた、スターシステムの系譜に位置する。

アイドルグループのメンバーが主演することを前提とする演劇もまた一定の歴史を紡いでいるが、それらはしばしば出演するアイドルたちに当て書きされ、アイドル自身のパーソナリティとなにがしか重ねられながら演出され、かつ受容される。演者のパーソナリティと芝居上の役柄とが重ね合わされることもまた、アイドル演劇にだけ特有のことではない。スターシステムとして歴史を重ねてきた演劇ジャンルは、役名／芸名／本名（プライベートな領域）といった複数のレイヤーが同時に舞台上で重ね合わされることを特徴としている。そのパフォーマンスがパーソナリティの上演と不可分であるアイドルは、その意味でスターシステムによる演劇と相性がいい。

それでもなお、アイドルの演劇は常に難しさを抱えている。それは、第1章の冒頭でみた「どこに行っても本職じゃない」とされる性質による。彼女たちの職業的性格は、さまざまなメディアを横断しながら、そのつど水準が異なるなにものかを上演してみせ、アイコン役をまっとうするものだった。そのため彼女たちは常に、ある単一のジャンルの専業者たりえない。まして、形式的には歌い踊ることがアイドルの主たる活動と考えられている以上、彼女たちは「演じる」ことについての門外漢、あるいは畑違いの住人として見積もられる。

そして、『16人のプリンシパル』を経て二〇一五年に乃木坂46が上演作品として選んだ『すべての犬は天国へ行く』はスターシステムに頼ることができない、つまりアイドルが演劇を上演することの困難をじかに引き受けるほかない作品だった。

2 形骸の外へ——二〇一五年の『すべての犬は天国へ行く』

シリアス・コメディ

ケラリーノ・サンドロヴィッチ（KERA）の手による『すべての犬は天国へ行く』は二〇〇一年、KERA主宰の劇団・ナイロン100℃の公演として初めて上演された。KERAが用いる言葉でいうところの「シリアス・コメディ」に分類されるこの作品は、救いのない状況に置かれた人々を、そのシリアスさはシリアスさのままに描きながら、同時にコメディとして仕上げることによって成立する。もちろんのこと、演者個々人のパーソナリティを魅力的に引き出すためのパートを自在に用意できるような、スターシステム型の上演になじむタイプの作品ではない。むしろ逆に、この「シリアス・コメディ」を十全に成り立たせるためには、演者たちがどれだけ役柄に奉仕できるかということのほうが重要になる。組織としての演劇公演の機会にいまだ乏しかった乃木坂46にとって、それは容易なハードルではなかった。

この公演の性格の一端を示すのが、あくまで乃木坂46というグループ名ありきで企画されながらも、出演する乃木坂46メンバーと外部から招聘したキャストとの間に、主演／助演といったポジション的な差を実質的に設けていない点だ。乃木坂46から出演する生駒里奈、伊藤万理華、井上小百合、斉藤優里、桜井玲香、新内眞衣、松村沙友理、若月佑美の八人と、東風万智子、猫背椿、柿丸美智恵、ニーコ、山下裕子、鳥居みゆきといった外部キャストは、それぞれに主従や軽重なく物語上で関わり合う。もちろん、第一にそれは戯曲自体が要請するバランスによるものである。しかしまた、『16人のプリンシパル』という、「民意」を介在させながらメンバー間の競争や個々人のパーソナリティの発露を促す企画を一旦手放したのちに、乃木坂46がこうした作品を選択したことは、この組織が何を志向しているのかを照らし出すものでもあった。グループ名を冠した、つまり根源的には乃木坂46のメンバーを見せるためのこの企画でおこなわれたのは、スターシステムを抑制し、彼女たちから「スター」を一旦剝奪することだった。

そして、この作品で彼女たちがフィクションを通じて上演してみせたのは、男社会が作り上げた構造に翻弄されながら生き、やがてその形骸にからめとられて滅んでいく女性たちの姿だった。

男社会が押し付けた檻

居酒屋兼売春宿を舞台にした『すべての犬は天国へ行く』は西部劇をモチーフに、いかにも男性中心的な世界設定を用いている。より正確には、男性の論理で作られた世界の「その後」を描いているといったほうがいいだろう。というのも、この作品には「男性」の登場人物が存在しない。それは、この世界を牛耳っていた男性たちがいつしか自分勝手に殺し合いに明け暮れてやがて死に絶え、町に女性しかいなくなってしまったためだ。その女性たちとは、男性が支配する社会のなかで周縁に置かれ、女給や娼婦として生き、弱者として、客体として日々を過ごしてきた人々である。

しかし、男の絶滅は彼女たちにとって、抑圧からの解放を意味しなかった。自らの人生が男性中心の構造や慣習によって規定されてきたために、当の男性たちがすべて世を去ってからも、彼女たちは周縁の者として生きてきた生活習慣や被抑圧的な価値観をなぞりながら生きることしかできないでいる。登場人物たちは変化を選ぶことができないまま、本当はもはや形骸でしかない陋習に身を委ね、その形骸の「外」の世界に手を伸ばそうとする者を殺してまで、絶望的でしかないその檻を守ろうとする。そして、やがて不可避的に訪れる破綻を静かに待つことになる。

俯瞰すれば愚かしくも思えてしまう登場人物たちの営為には、どこまでも救いがない。そしてまた、その愚かしさは現実世界の薄ら寒さにも通じている。この物語の似姿でもあるような現実の陋習については、本書中盤でほかならぬアイドルシーンを参照しながらあらためてふれることになる。

ともあれ、この閉塞した世界を構築するために、すでに述べたように各キャストは乃木坂46のメンバーであるか外部からの客演であるかを問わず配役されている。もっといえば、絶対的な主人公をもたないこの作品で芝居をリードするのは、乃木坂46とは明確に芸能者としてのキャリアの差がある客演陣だったといっていい。

たとえば東風万智子が演じる娼婦エリセンダは、本当は男たちが帰ってくる日などないことを自覚して時折逡巡をのぞかせ、絶滅した男たちのシンボル的存在だったアイアン・ビリーの妻カミーラを演じる猫背椿は、現実と虚構のはざまでやがて自らを夫のビリーに同化させながらこの町の不幸な因果を締めくくる。あるいは柿丸美智恵演じるエバは、女性たち同士のなかでもいっそう従属的な立場にありながら、彼女たちに屈しない矜持をわが娘に与えようとする。ほかにも鳥居や山下、ニーコを含め、二〇一五年版『すべての犬は天国へ行く』の成立は、彼女たち客演陣に多くを負っている。基調としての救いのなさとコメディとを両立させるKERAの傑作戯曲の上演は、客演陣自身にとってもチャレンジであったはずだが、彼女たちには乃木坂46メンバーの仕上がりを見守りながら演じているような趣さえあった。

この公演のなかで唯一、ポップアイコンとしての乃木坂46の存在を踏まえたといえる場面はエンディングに用意された、キャスト全員によるダンスシーンである。TAKAHIRO(上野隆博)

が振付を担当するこのシーンでは、乃木坂46の八人のメンバーたちが中央に位置して踊る局面を比較的多く設けている。「アイドルグループ」としての活動の本分とみなされるダンスによって構成されたこのエンディングは、かろうじてこの企画の形式的な主軸が誰であるのかを示す時間ではあった。とはいえ、客演陣はここでもやはり乃木坂46メンバーを引き立てるバックダンサーとして存在するのではなく、メンバーたちとほぼ同等の立場にいる。フィニッシュではキャストたちが舞台中央でポーズを決めるが、その最終地点に至ってもキャストたちはみな等しく、この戯曲と演出を生かすためのパーツとしてある。この作品上で乃木坂46が特権的なポジションに置かれないバランスは、ラストの瞬間まで保持されていたことになる。

「本職じゃない」への対峙

『すべての犬は天国へ行く』は、乃木坂46が舞台演劇への志向を具体化させる企画であると同時に、本書冒頭でみた「どこに行っても本職じゃない」というあの困難とはっきり対峙する機会でもあった。二〇一五年の『すべての犬は天国へ行く』は、乃木坂46の名を冠することが大前提の企画でありながら、いわばアイドルグループが主導する必然性がない戯曲を選択したものだった。まして芸能者のキャリアとしてもまだ初期段階にあった以上、演劇作品として乃木坂46が主要キャストを務めることの説得力はともすれば薄くなる。グループにとって、そのようなまなざしを向けられることは、当人たちが最も承知している。今野義雄は、乃木坂46メンバーを同公演に送り出すことについて、以下のように言及する。

メンバーたち自身も時々言っていますが、いろんな場所で「しょせんアイドルでしょ？」と見られる。そのことへの反発心はあると思います。どこの誰よりも多く、山のような種類の仕事をして、そのたびにものすごく努力をしているけれど、どこに行っても、「どうせアイドルだから本気じゃないんでしょ」と低く見られる。それが悔しいから、その専門職の人たちにどれだけ迫れるのかという戦いを、それぞれの各ジャンルでやってるんですよね。乃木坂46の個人仕事は全部そうです。低く見られたところからスタートするんだから、そこを見返して「すげえ！」って言わせて帰ってこいという（笑）。

（略）

それでいえば、十月に上演した舞台『すべての犬は天国へ行く』（AiiA 2.5 Theater Tokyo）で、名うての女優さんたちと一緒に舞台に立つというのも、一歩間違えれば、ものすごい恥をかくわけですよね。そんな場所で、「この子たちはすごいよ」と言わせることができた。

（「乃木坂46運営・今野義雄氏が語る、グループの〝安定〟と〝課題〟「2016年は激動の年になる」」「Real Sound」二〇一六年一月三十日）

さまざまな場でそのつど水準が異なるアイコンを担うアイドルの職業的性格を簡潔に捉えながら、

今野は『すべての犬は天国へ行く』という企画の葛藤と矜持とを明快に言語化している。もちろん、組織を鼓舞し外部にPRする立場でもある今野の立場から発せられる言葉と、実践者である出演メンバーの当事者的な感覚から編まれる言葉には、いささかのトーンの相違はある。出演メンバーの一人、伊藤万理華は自身たちと大きくキャリアが異なる客演キャストたちとの時間を、自己の不足点を確認し現在地を測る瞬間として説明する。

グループ内だけでなく、外の人たちと関わらないと自分の力はわからないですから。どんなに一生懸命やっていても、そのジャンルのプロの人はいて、その人たちと一緒にお仕事をしたときに初めて自分の力量がよくわかるんですよね。『すべての犬は天国へ行く』は、グループの外部の女優さんときちんと舞台をやる機会だったんですけど、やっぱりぜんぜん違ったし、自分に足りない部分が見える。それだけでも本当にいい経験だと思ってます。同じ舞台に立って対等な立場でお芝居ができたことも、その女優さんに乃木坂46を知ってもらえたのもうれしいですね。(『PF(ポーカーフェイス)』VOL.2〔アスペクトムック〕、アスペクト、二〇一六年)

『すべての犬は天国へ行く』が、乃木坂46による舞台ではありながらも前年までの『16人のプリンシパル』シリーズと大きく異なっていたのは、グループ内の価値観から離れて自身を相対化する場になっていたことである。先に引用した、アイドルの職業的性格についての矜持を示す今野の言葉と、アイドルの実践者として自らの不足点や「プロの人」との差異を率直に語る伊藤の実感とは、この職能が抱えている諸側面のひとつを示すものとしておそらくいずれも正しい。『すべての犬は天国へ行く』は、彼女たちが二〇一五年時点で抱えていた演者としての立場の難しさをあらわにする機会であり、それだけにまた乃木坂46が「演技」を志向するうえで自らの足場を省みる重要な参照点となった。

「本職」と共振するアイドル

そしてまた、『すべての犬は天国へ行く』の上演は、アイドルの職業的性格と「プロの人」の専門性とが相互に背反するものではなく、止揚されていく可能性を開く機会でもあった。のちに乃木坂46メンバーたちの個人活動が体現していくように、彼女たちはアイドルグループの一員として多様なジャンルにおいてその場その場での適応を繰り返しながら、同時に特定ジャンルの専門性を担う一員として自らのポジションを獲得していく。

たとえば、乃木坂46メンバーだった井上小百合や桜井玲香らは、のちに乃木坂46に所属しながら東宝制作のミュージカルにたびたびキャスティングされ、「乃木坂46」としてのアイデンティティと特定ジャンルの専門的な職能とを特有のバランスで兼ねながら両者を架橋していくが、彼女たちがそうした適性を示す萌芽は『すべての犬は天国へ行く』にあったといっていい。井上が演じた早撃ちエルザは、この徹底的に救いのない物語をコメディとして成立させるための核となる人物である。劇中でただ一人のよそ者であり、人々が集う酒場では外部者として傍観者的に振る舞い、周囲の人物たちのおかしみを適切に縁取っていくエルザを、井上は巧みに体現してみせた。また、医者の妻キキを演じた桜井は、酒場で噛み合わない会話を飄々と続け、戯曲に描かれたコメディのニュアンスを舞台上に写してみせた。もちろん、二〇一五年時点の彼女たちはまだ演技の水準がならされているわけではなく、客演のキャストたちに伍するには至っていない。そのように、「スター」としての立場が取り去られ、芸能者としての立場が身も蓋もなく相対化されるいびつな場だからこそ、彼女たちの適性もまたシンプルに浮かび上がってくる。

劇内世界のレベルでいえば、井上が演じたエルザも桜井が演じたキキも、形骸化した慣習にからめとられてついには滅んでいく人々だった。キキは男たちがいたころの町の習性を維持するために亡き夫の衣服に身を包んで売春宿での振る舞いまで夫をトレースして、やがてその営為が引き金になって死んでいく。また、劇中で唯一、「外」からやってきた部外者のエルザもまた、ついには町全体を覆う演技的な振る舞いに飲み込まれ、夫ビリーの扮装をするうちに虚実さえわからなくなったカミーラに撃たれる。岡室美奈子が指摘するように、町の女性たちが「男たちの価値観を（カミーラがビリーの服を着るように）そのまま身に纏い、男たちと同様に殺し合う」状況に対して、それらが演技であることに自覚的なエルザは風穴を開けうる存在だった。しかし、「結局エルザも報復という西部劇の論理から逃れられず、死んでいく」（岡室美奈子「戯曲を読む すべての女は天国へ行く――あるいは理不尽を笑う方法」「ユリイカ」二〇一五年十月臨時増刊号、青土社）。己の価値観を外部に照らすことを拒み、形骸化した枠組みに固執し続けることで、この共同体はひっそりと自滅を迎えた。

しかし、「外」の世界にふれることができずに滅んでいく人々を演じながら、井上や桜井をはじめとする乃木坂46メンバーが切り開いたのはむしろ、劇中の彼女たちとは対照的な「外」の世界への回路だった。見かけ上はグループ主導の演劇の枠組みを用いながらも、ジャンル内に自閉するよりは自らを「外」の世界にさらして相対化するような試行を選び、この企画をひとつの実験場とした。そのことの意義は、後年に至ってより明確になっていく。

ちなみに、こうした乃木坂46の志向の布石になるような仕事が、『すべての犬は天国へ行く』のおよそ一年前にもみられる。『すべての犬は天国へ行く』にも出演した乃木坂46メンバーの若月佑美は二〇一四年十月、前田司郎作・演出の『生きてるものはいないのか』にキャスティングされている。もともと〇八年に岸田國士戯曲賞を受賞した同作は、人々が原因不明のまま次々と死んでいくさまを描写する不条理演劇である。それまで歩んできた生の文脈のなかで、区切りよく訪れてくれるわけでもなく、ヒロイックに生を締めくくらせてくれるわけでもない、唐突にやってくる死の累積。わかりやすいストーリーをもたない「死」と「死に方」だけが提示されることによって、名残として浮かび上がる「生きていた」ことの意味の不確かさ。不条理で滑稽な死がなにげない日常を淡々と襲うというコンセプトが絶対的な主役といえるこの作品は、もとより出演者の固有名やスター性が強調されることになじまない作品である。前田の代表作といえるこの作品への「乃木坂

46・若月佑美」の出演は、いまだ『すべての犬は天国へ行く』の企画さえ存在していない時点としてはいかにも唐突だった。しかし、自らの立場を相対化する試みとして若月の『生きてるものはいないのか』出演があったとすれば、翌年の『すべての犬は天国へ行く』はその試行を可能にする場所をグループ内に作り出す発展形として捉えることができる。

乃木坂46は『すべての犬は天国へ行く』以降今日に至るまで、そうした試行をグループ主導の演劇企画としてもメンバー個人の外部出演としても蓄積していく。その営為は、ひとつには「本職」に伍する俳優を育てる回路を、乃木坂46というグループのなかに生み出すためのものである。つまり、アイドルという独特の職業的性格から、ある単一ジャンルの専門性へと手を伸ばすための施策であり、その模索のためにこそ優れた戯曲が活用されていく。

興味深いのは、それらの演劇公演は単に「本職」の人々の専門性に接近するためだけのものではなく、「アイドル」を職能とする者たちの身体がフィクションを上演することの意味を、そのつど多層的に浮かび上がらせていることだ。それらは翻って、歌唱やダンスといったアイドルグループの形式的な主活動が「演じる」という観点において、演劇を通じたパフォーマンスと共振していることをも示していく。後半章で引き続き取り上げる乃木坂46の演劇公演は、アイドルグループの営みがどのような性格をもつ表現であるのかをさらに照射し、説明し直すようなものになっていく。であればこそ、ある単一ジャンルの「本職」ないし専門性と、アイドルという職能がもつ独特の性質とを背反するものとして捉えるべきではないし、両者を単純な優劣で説明することも的を射ていない。「どこに行っても本職じゃない」と明快にいえてしまうほど、このエンターテインメントはシンプルでもない。

多様なアイコンを「演じる」存在としてアイドルを捉えるとき、乃木坂46の活動のなかにもう一つ、その職業的性格を涵養するような継続的なコンテンツを見いだすことができる。次にそれらのコンテンツを起点に、「演じる」ことの位相をさらにずらして考えてみたい。

第4章

乃木坂46の映像文化とフィクションの位相

1　演技の機会としてのMV

二つの顔をもつ「君の名は希望」

「演技」に傾斜して独自の試みを続ける一方、乃木坂46は「AKB48の公式ライバル」としてのアイデンティティをもちながら、アイドルグループの形式的な主活動である楽曲のリリースもコンスタントにおこなっていった。デビューから四年弱が経過した二〇一五年には『NHK紅白歌合戦』に初めて出場、以降は同番組に毎年出場するようになり、年末の大型音楽番組の常連になっていく。『紅白歌合戦』初出場時に乃木坂46が披露したのは、その前々年に発表した五枚目のシングル表題曲「君の名は希望」だった。以後の乃木坂46楽曲を特徴づけるミディアムバラードである「君の名は希望」はグループ初期の代表曲として、節目に披露される楽曲にいかにも似つかわしい。そしてまたこの楽曲は、「演じる」存在としての乃木坂46が志向するエンターテインメントの骨組みを、特有のかたちで物語る作品でもあった。

「君の名は希望」には、二種類のミュージックビデオ（MV）が存在する。そのうちリリースに先駆けて制作された一つ目のMVは、映画監督の山下敦弘が演出を担当した。このMVは、やや変則的なルックをもっている。山下はMVの制作に際して乃木坂46のメンバーを集め、とある映画のオーディションという名目で演技セッションを開催する。このなかで乃木坂46のメンバーたちは、山下が過去に監督した映画『リンダ リンダ リンダ』（二〇〇五年）のワンシーンを演技してみせ、あるいは俳優の池松壮亮らがサポートキャストとして参加してのエチュードを展開する。そして、このオーディション風景がそのまま「君の名は希望」MVの映像素材になり、彼女たちがレッスン着のままおこなう演技シーンのダイジェストがMVに仕立てられた。

もっとも、MVと位置づけられながらもこの映像作品の大半において、「君の名は希望」という楽曲そのものは鳴っていない。同曲の長さがおよそ五分半であるのに対して、このMVは約二十五分と大幅に長尺である。さらにいえば、このMVは楽曲に従属する映像というよりはむしろ、メンバーが演技する風景を記録した映像のなかに楽曲パートが挿入されているという趣が強い。MV中に乃木坂46メンバーによる歌唱シーンは存在するものの、それはレッスン着姿のままのメンバーたちがエチュードに用いられた舞台装置のなかで歌う映像であり、オーディションの一連の流れに接続させるように収められている。そして楽曲が終わると、その歌唱シーンさえもまたオーディション半ばの風景の一端であることが示唆され、再び音楽が鳴らないオーディションの映像が続いていく。のちにグループの代表的楽曲になるにはいささか据わりが悪い、不可思議なスタンスの映像として「君の名は希望」のMVは誕生した。

そして同楽曲の販売を開始した直後、乃木坂46は山下版「君の名は希望」MVの後を追ってもう一つの「君の名は希望」MVを公開する。「君の名は希望―DANCE & LIP ver.―」と名づけられたこちらのMVは、AKB48などのMVも手がけ、乃木坂46のフィルモグラフィーにおいても端正な作品群を生み出していく丸山健志が監督を務め、ダンスショットとリップシーンを基軸に、いわばオーソドックスなMV作品として構成された。この丸山版MVのビジュアルイメージは以後、テレビコマーシャルなどでも印象的に用いられていく。

乃木坂46のクリエイティブを統括する今野義雄はこれら連続する二つの映像作品の制作経緯について、「僕はユーザーの声を聞いちゃう人間だから迷いはあって。結果、やっぱりシンプルなMVも作ろうと先生〔秋元康：引用者注〕と話して、「君の名は希望」Dance & Lip バージョンが制作されました。結果的にはカッティングエッジなものと、乃木坂らしい映像美の世界で音楽をシンプルに聞かせるものと両方を撮ることができた」（『乃木坂46――映像の世界』〔インプレスムック、「MdN extra」Vol.3〕、エムディエヌコーポレーション、二〇一五年）と語る。メジャーシーンのグループアイドルのMVとしては一風変わった手触りをもつ、実験性が高い山下版を補完するように、後追いで丸山版「Dance & Lip バージョン」がスタンダードなイメージを担い、「君の名は希望」は二つの顔をもつことになった。

楽曲から独立するドラマ

グループの代表曲から生まれたこれら二者の映像は、互いに大きくベクトルを異にしている。けれども、いずれもまさしく乃木坂46のアイデンティティを体現するものだった。丸山は以後も乃木坂46作品を連続して手がけ、今野がいうように乃木坂46の「映像美の世界で音楽をシンプルに聞かせる」MVの追求を受け持っていく。そして山下版の実験性もまた、乃木坂46の展開のなかで単に無軌道なものとしてあったわけではない。

山下がMVを手がけるにあたって用意したオーディションという舞台設定は、乃木坂46にとっては既視感があるものだった。というのも、『16人のプリンシパル』シリーズで上演されていたのがまさに、レッスン着姿のメンバーたちがオーディションを受けるさまであった。『16人のプリンシパル』シリーズこそは、乃木坂46の初期構想で掲げていた「演じる」存在としての乃木坂46を具現化したエンターテインメントのモデルである。その意味で、一見すると風変わりなMVである山下版「君の名は希望」は、乃木坂46にとっての原風景ともいうべきものだった。

さらに重要なのは、俳優の入り口としてのオーディション風景を切り取ったこのMV以降、乃木坂46がドラマパートを重視した映像作品を強く打ち出していくということだ。「君の名は希望」以降の一年間にリリースされた後続シングルCDの表題曲は、順に「ガールズルール」「バレッタ」「気づいたら片想い」となるが、これら三作品のMVはすべてドラマの体裁をとった演技パート主体の映像作品として制作されている。そのMVはときに楽曲よりも劇中の台詞を聞かせることを優先し、「楽曲のバックグラウンドとしてのドラマ」であるよりも、「ドラマのBGMとしての楽曲」にみえる瞬間さえ生んでいる。こうしたバランスは、かねてから演技を志向してきた乃木坂46の基本方針を確認するようでもある。

さらにその次作となる九枚目シングル『夏のFree & Easy』（二〇一四年）収録のカップリング曲「無口なライオン」や、十枚目シングル『何度目の青空か？』（二〇一四年）収録の「あの日 僕は咄嗟に嘘をついた」では、楽曲の歌唱や振付に紐づいたリップシーンやダンスショットを完全に排して、ドラマだけでMVを構成してみせる。それらの映像作品で乃木坂46メンバーが担うのは、俳優として虚構の登場人物を演じる役割である。『16人のプリンシパル』シリーズもすでに三年目を数えていたこの時期、乃木坂46は楽曲MVに関しても演技に重点を置く作品をフィルモグラフィーに定着させ、グループのトレードマークとしていく。

もっとも、ドラマを主体に構成されたMVそのものは、日本のポップミュージックにとってジャンルを問わずとりたてて目新しいわけではない。AKB48グループをはじめとしたグループアイドルシーンに限っても、ドラマ仕立てのMVは乃木坂46登場以前も以後も繰り返し制作されている。楽曲に表現された世界観を補強・拡張し、あるいは楽曲が提示してはいなかったような想像世界へと映像を介して飛躍していく、そのためのスタンダードな手札としてドラマという方法はある。乃木坂46もまたその手法を用いて、楽曲リリースのたびに映像による世界観の拡張をおこなっていることになる。

乃木坂46の映像作品に関して特筆すべきことは、これらドラマ型MVからはみ出たところにある。楽曲リリースが「アイドル」としての形式的な主活動である乃木坂46にとって、MVは確かにグループのイメージ形成に寄与するところが大きい。とはいえ、乃木坂46が制作してきた映像群にとって、MVはあくまでその一部でしかない。グループ独自の文化を見て取ることができるのはむしろ、MVを取り巻き、あるいはMVと連関しながら異様な増殖・発展を続けている、「それ以外」の映像コンテンツのほうといえる。そして、それらの作品群はまた、「演じる」存在としてのアイドルの職能を固有のスタイルで説明するものでもある。

2 「付録」が育む映像文化

膨大な映像特典

音楽ソフトが販売される際、同一タイトルのシングルやアルバムについて、複数パターンのCDが売り出されることは今日珍しくない。それらはジャケットデザインや収録されるカップリング曲が異なるほか、付属する特典にもパターンごとにバリエーションがあり、同一タイトルでありながら収録内容に何かしらの変化が加えられている。多人数アイドルグループでは、しばしば付属のDVDソフト収録の特典内容をパターンごとに変えながら、全タイプの購入を促す施策がとられる。音楽の販売がインターネットを通じた楽曲配信へと趨勢を変えていった二〇一〇年代を経ても、同一タイトルにつき複数パターンのCDを制作することはいまだ多人数アイドルグループの慣例になっている。乃木坂46もまた、一つのシングルリリースにつき通常四、五パターンの商品を展開し、収録曲やDVDの内容を違えて販売している。形式上は、先んじて人気グループになっていたAKB48などのリリース方式を踏襲する、よくみられる商品展開のスタイルといっていい。

しかし、この特典DVDのなかで乃木坂46がおこなっている試みは、一種風変わりな広がりをもっている。その異様な広がりをもたらしているのが、「個人PV」と称される一連の映像作品である。

乃木坂46がデビューした二〇一二年から継続的に制作されてきた個人PV(プロモーションビデオ)は、その名のとおりメンバー個々人にスポットを当てたショートフィルムである。原則として、当該シングルのリリース時点で稼働しているメンバーについて一人一本、ソロで主演する映像作品を制作するものとしてある。たとえば、一二年のデビューシングル『ぐるぐるカーテン』では、三十三人のメンバーが活動中だったために収録楽曲のMVとは別に三十三本の映像作品が制作され、シングルCD『ぐるぐるカーテン』各パターンに付属するDVDに振り分けて収録された。また、個人PVでは一つのシングルにつき制作されるそれら数十本の作品が、基本的にすべて別々のクリエイターによって手がけられている。すなわち、シングル制作期間に楽曲MVの制作と並行して、数十人のクリエイターを招いて担当するメンバーを割り当て、個別にショートフィルムを撮るという営みが繰り返されてきた。それら個人PVを監督するクリエイターには、すでにキャリアが長い映画監督を招くこともあれば新進の映像作家を開拓する機会になることもあり、あるいは映像を専門としない他分野の作家などの起用もみられ、そのときどきで集うクリエイターの顔ぶれには相当の広がりがある。とりわけ乃木坂46のデビューから丸四年ほどは、ほぼすべてのシングルにつき個人PVが企画されてきた。

音楽製品として、パッケージの顔はあくまで楽曲タイトルである以上、付属DVDの特典映像は「付録」ということにはなる。また、同一タイトルの音楽作品につきいくつものパターンの盤を制作し、カップリング曲や付録の内容を違えて販売する手法も、当該タイトルの売り上げを担保する役割を多分に含んでいるだろう。しかし、アイドルグループにとって標準的なこれらの慣例を踏襲しながらも、乃木坂46は「CDの付録」としての位置づけを書き換えるように膨大な数の作品を付属DVDのために作り続け、独特の映像文化を育むフィールドを生み出した。

ショートフィルムの見本市

では、二〇二〇年時点で累積四百作をゆうに超える個人PVというフィールドでいったい何が起きているのか。

乃木坂46の個人PVは、〝個人〟の〝PV〟という名称をもちながら、必ずしも出演メンバー個々のプロフィールをストレートに「紹介」する映像になっているわけではない。むしろ多くの場合、そのメンバーが何者であるかを説明するのではなく、その映像作品を手がける監督による作家性の発露のほうを優先している。デビュー直後こそ、同一タイトルに収録される個人PVにはそのつど最低限の共通テーマを設けていたものの、ほどなくしてそのくびきからは解かれ、映像制作の場としての自由度はいよいよ高くなった。ある監督は、主演するメンバーが「アイドル」であることを素直に反映させてオリジナルソングとダンスを中心に映像を構成し、ある監督は乃木坂46とは直接的な関連性をもたない短篇ドラマを企画し、メンバーを主演俳優として位置づける。またある監督は、ロジックでは説明しがたい感覚的なイメージをこのショートフィルムに映し出してみせ、あるいは不条理な空気感のやりとりを描くことでドラマとコントのあわいに位置するような小品を成立させる。グループ運営側からのディレクションを最小限にとどめてクリエイターの作家性に委ねることで、特定の志向性をもたない映像群が量産されていく。さながら、乃木坂46のシングルが発表されるごとに催される小さなショートフィルムフェスティバルの様相を呈していった。

そうした実験性に富んだ自由度は、ともすれば趣味性が強くなりマニアックな方向へ傾いていくことと隣り合わせである。このとき、作品個別のポピュラー性を担保するのは、何よりも乃木坂46メンバーが主役を務めるという要素による。乃木坂46のメンバーが主たる演者としてアイコンをまっとうし、全作品がメジャーな場で公開され流通する同一タイトルのパッケージに収められることで、それら映像作品群は統一性をもった一群としてポップカルチャーのなかに居場所を得る。このありようは第1章で論じた、アイドルがアイコンを演じることによって、そのジャンルのいかんにかかわらずキャッチーさを獲得する構図を想起させる。

それは監督を務めるクリエイターからすれば、メジャーな場で自由度が高い発想を試すことができる、フレキシブルな実験場となる。そして一方、視点を演者である乃木坂46メンバーへと移せば、それらの自由度が高い映像作品に繰り返し主演することで、己の適性を開拓していく場になる。

たとえば、デビューシングル『ぐるぐるカーテン』収録の個人PVのひとつである「ナイフ」は、伊藤万理華を主演にクラスメイトの男女間の微細な距離感を描いたショートドラマである。この作品は監督を務めた柳沢翔の手際が乃木坂46の映像作品のなかで注目される契機になると同時に、俳優としての伊藤の才気を伝える第一歩にもなった。まだ個人PVという試みの意義さえ不確かな時期ではあったものの、伊藤と柳沢が共鳴するようにして映像に緊張感を吹き込み、「ナイフ」はこの企画の可能性の一端を示してみせた。柳沢は以降も乃木坂46と関わりながら映像作家としてキャリアを積み重ね、伊藤も柳沢の作品に時折参加する。そして「ナイフ」から五年後、柳沢は伊藤を再度キャストに招き、部屋全体が三六〇度回転する大掛かりなセットを用いて、ゲームソフト『GRAVITY DAZE2』（ソニー・インタラクティブエンタテインメント、二〇一七年）のCM映像「#重力猫 GRAVITY CAT／重力的眩暈子猫編」を制作、同作品はカンヌライオンズ国際クリエイティビティ・フェスティバルなど多くのアワードで賞を受ける。映像作家とのコラボレーションの機会を無数に作り出す個人PVは、このようにして乃木坂46の各メンバーと外部クリエイターとの間に持続的な交渉を生み出し、グループの外に活路を見いだす足がかりにもなっていく。

他方で伊藤は、五枚目シングル『君の名は希望』（二〇一三年）の折に制作された個人PV「まりっか'17」では、「ナイフ」と大きく異なるタイプのアイコンを演じてみせる。同作は、伊藤がオリジナルソングを歌い踊りながら学校内の長い廊下を直進するさまをワンカットで撮りきった映像である。監督を務める福島真希が構築する独特の緩さと軽快さをもった空気感は大きな反響を呼び、「まりっか'17」は乃木坂46の個人PVを代表する作品になっていくが、これはグループ名義の楽曲としてリリースされるものではなく、あくまで付録として位置づけられた企画ゆえに生まれた、得がたい小品だった。

伊藤による「まりっか'17」の成功は、「オリジナルソング主体に緩やかな空気感を表現する」というひとつのパターンを確立し、以後さまざまなクリエイターによってオリジナルソングを用いた音楽的な個人PVが制作されるようになる。それはまた、乃木坂46内の音楽コンテンツでありながら、乃木坂46やAKB48グループにとって大原則であるはずの「秋元康作詞」という縛りからも解放されるという、稀有な事態を生み出した。クリエイターの自由度に任せることを旨とした映像作品であるがゆえに、個人PVは乃木坂46と楽曲との関係性にさえひそかに影響を与えた。

ドラマを紡ぐ場

個人PVではしばしば、テレビドラマやCM、劇映画を手がける映像作家によるショートドラマが制作される。今野義雄が、「「16人のプリンシパル」をやって芝居に適応できるようにして、個人PVでさらに磨かれてというのは、ある程度のねらいであったことは間違いないです。なかなか演技をする場というのは、作ってあげられそうで作ってあげられないので」(前掲『乃木坂46――映像の世界』)と説明するように、演技に重点を置くグループの方針を貫くためのものとして、舞台公演とともにこれらの映像作品はある。これはまた、乃木坂46というプロジェクトが定期的にドラマを制作する土壌になっているということでもある。そこでは、映像作家たちが乃木坂46というアイドルグループの身体を通じて、ロングスパンで虚構を紡いでいく。

先にふれたMVのなかで、楽曲に直接対応した振付やリップシーンなどを排し、全編をドラマで構成した例として、「無口なライオン」や「あの日 僕は咄嗟に嘘をついた」といった作品を示した。これら二作を監督した湯浅弘章は、乃木坂46のドラマ型MVを代表する映像作家の一人として多くのMVを手がけているが、湯浅がそれらのMVに先立って乃木坂46の映像コンテンツのなかで存在感を見せ始めたのは、個人PVにおいてだった。あるいは前述の柳沢翔や、二〇一七年リリースのシングル表題曲「逃げ水」のMVで監督を務める山岸聖太なども、個人PVによって乃木坂46との関係を育みながら実績を積み、やがて乃木坂46の楽曲MVを受け持つようになるクリエイターたちである。乃木坂46はグループの代表的なビジュアルイメージのひとつであるドラマ型MVの担い手を、自らの実験的な試みのなかから発掘してきたことになる。

こうした作家たちは乃木坂46の営為に呼応し、それら豊富な映像表現の場を乗りこなすように長期的な視野の作品を発表してもいく。たとえば湯浅は二〇一三年に初めて乃木坂46の映像に関わり橋本奈々未や伊藤万理華の個人PVを担当、いずれも流れゆく時間のはかなさや刹那の尊さをキーにした作品を手がけてドラマ作家としての個性を印象づける。その実績を受けて翌一四年、初めて乃木坂46のMVを手がけたのが前述の「無口なライオン」となる。湯浅がこの作品で描いたのは、西野七瀬演じる主人公が突然の転校を余儀なくされ、その事実からつかの間逃避するように、友人たちと浜辺でささやかな宴の時間を過ごすストーリーだった。クライマックスで幼なじみ役の若月佑美とのキスシーンを挿入しながら、ことさら扇情的な意味を含ませない抑制的な筆致は、以降の湯浅作品にも共通する、刹那への繊細なまなざしを表す象徴的なシーンになった。

「無口なライオン」MVで乃木坂46作品における自身のカラーを刻印した湯浅は、十枚目シングル『何度目の青空か？』の制作に際して、前作「無口なライオン」で主人公を演じた西野の個人PVを担当する。湯浅はこの個人PVを、「無口なライオン」MVの後日譚を描くための機会として利用し、「無口なライオン」で同級生との別れを経験した西野が、新たな転入先では頼もしさを備えた上級生となり、下級生を見守るさまを描いた短篇「天体望遠鏡」を制作した。すなわち、個人PVという実験場を経て乃木坂46のMVを手がけるようになった湯浅はここで、今度はベクトルを逆方向に向けてMVの世界観を個人PVへと接続してみせたことになる。

続く十一枚目シングル『命は美しい』（二〇一五年）では個人PV全体に趣向の変化が加えられ、一つの映像作品につきメンバーを二人一組でフィーチャーする「ペアPV」が企画される。必然的にメンバー二人のダブル主演となるこの機に西野と若月のペアPVを受け持った湯浅は、「無口なライオン」から「天体望遠鏡」へと展開されたストーリーにさらなる奥行きを付加するべく、ショートドラマ「インスタントカメラ」を手がける。同作では、かつて「無口なライオン」で転校した西野に取り残される格好になった若月の側にもスポットを当て、二人のほんのひとときの邂逅を予感させてこの連作を締めくくった。

こうした営みにうかがえるのは、本来的に付録としてあるはずの付属ＤＶＤを豊潤な映像制作のフィールドとして読み替える文化実践である。そうした実践の蓄積を参照しながら後続作品が制作されることで乃木坂46の映像コンテンツ全体に文脈が与えられ、またそのなかに演技を志向する集団としてのポリシーもたびたび込められる。

フィクションへの昇華

ところで、乃木坂46が何よりも二〇一〇年代の、より具体的にはＡＫＢ48由来の多人数アイドルグループである以上、群像劇として歴史を紡ぐことが最大級の訴求力になっている。共同体のメンバーとしての彼女たちの来歴や人間関係は、パッケージ化された作品でも日々の「現場」やＳＮＳでも、常にドキュメンタリー的なものとして提示され消費される。本来は表に浮上しないバックステージや、ネガティブさを含み込んだ当人たちの葛藤までを含めた「素の表情」が提供され享受されることは、現代のアイドルシーンではいつしかきわめてありふれたものになった。このように群像劇としての日常が前提になるとき、彼女たちが虚構として演じるドラマ作品もまたしばしば、フィクションとしての設定とグループ内での生身の彼女たち自身のありようとが重ね合わされる。

引き続き湯浅弘章のフィルモグラフィーから例示するならば、それが顕著に現れたＭＶとして先に言及した「あの日 僕は咄嗟に嘘をついた」をあげることができる。同作は当該シングルのリリース時点で表題曲の歌唱メンバーに選抜されなかった、いわゆるアンダーメンバーにあてられた楽曲である。すでにふれたようにこのMVは「無口なライオン」と同様、楽曲を歌唱するリップシーンやダンスシーンを用いない、全編ドラマ型の作品として仕立てられている。とある高校の演劇部を舞台にしたこのドラマで描かれるのは、文化祭の配役に選ばれる／選ばれない者たちの関係性だった。齋藤飛鳥を「選ばれる者」としてキャスティングしながらも、むしろ伊藤万理華が演じる「選ばれない者」とそれをやや俯瞰的に見守る井上小百合の二人の心情の揺れを中心に構成したストーリーは、「選抜されていない者」としての乃木坂46アンダーメンバーの立場を明確に下敷きにしている。作詞家としての秋元康もまたAKB48グループや乃木坂46などに歌詞を提供する際、フィクショナルな設定のうちにグループや歌唱メンバーの実際の立場を時折織り込んでみせるように、二〇一〇年代の多人数グループにおいては、日々の活動それ自体が群像劇として作品のなかに写し取られることは少なくない。もっとも、中原俊監督の映画『櫻の園』（一九九〇年）へのオマージュも色濃くうかがえる「あの日 僕は咄嗟に嘘をついた」MVに関していえば、湯浅はあくまでフィクションとしての余白を重視した距離感でこの物語を紡ぎ、ひとつの独立したドラマ作品に昇華している。多人数グループのシステムに安直に寄り添うのではないこのバランスは見逃してはならない。

さらに「あの日 僕は咄嗟に嘘をついた」から二年後、湯浅は乃木坂46の十五枚目シングル『裸足でSummer』（二〇一六年）収録曲「行くあてのない僕たち」を題材にしたショートムービーを手がける。このショートムービーには、「あの日 僕は咄嗟に嘘をついた」と同等かあるいはそれ以上に、乃木坂46メンバー自身の立ち位置が投影されている。「行くあてのない僕たち」は伊藤万理華と井上小百合のデュエット曲である。第一の前提として、当時すでに選抜メンバー常連だった伊藤と井上の二人が、この十五枚目シングルでは選抜メンバーに入らなかったという、グループ自体が内包する「選ばれる／選ばれない」をめぐる文脈が同楽曲には織り込まれている。さらには、二年前の「あの日 僕は咄嗟に嘘をついた」MVで物語上、「選ばれる者」を演じていた齋藤飛鳥が、この十五枚目シングルでは表題曲の歌唱メンバー、つまり選抜メンバーのセンターポジションに抜擢されている。他方で「あの日 僕は咄嗟に嘘をついた」MVでまさに「選ばれない者」だった伊藤と井上がこのタイミングでアンダーメンバーになり、彼女たちをフィーチャーする映像作品を湯浅が担当するという流れは、グループの群像劇をドキュメンタリーとして提示するうえでいかにもお膳立てが整っている。

実際、当初は伊藤と井上を追うドキュメンタリーを撮る案も検討されていたという（「MdN」二〇一八年一月号、エムディエヌコーポレーション）。しかし、最終的に選択されたのは直接的な記録映像からは距離を置いたドラマ作品だった。そして、湯浅はかつて時間の経過を用いて「無口なライオン」MVと西野や若月の個人PVを接続したように、ここでも「あの日 僕は咄嗟に嘘をついた」MVの劇中世界を継承したストーリーをつづる。

ショートムービー「行くあてのない僕たち」は、高校時代に「選ばれない者」として演劇部の日々を生きた二人が卒業後、偶然に再会を果たし母校を再訪する物語になっている。高校を出たのち、それぞれに演技を志すものの順調に道が開けることなくくすぶる二人が互いの葛藤を吐露し合い、やがてそれぞれの人生に戻っていくまでが描かれる。伊藤と井上に託された役柄は、このとき非選抜メンバーとしてあった二人のグループ内での立ち位置を明らかに踏まえている。しかしまた、湯浅はこの作品をあくまでフィクションの水準のみで成立するバランスに落とし込み、「あの日 僕は咄嗟に嘘をついた」から引き続く一連のドラマ作品に仕上げている。

三十分超のドラマとして制作されたこの映像は、乃木坂46の特定の楽曲から派生しながらもMVとは異なるイレギュラーな立ち位置にあり、乃木坂46全体のフィルモグラフィーを見渡しても稀有な存在とはいえるだろう。しかし、MVと個人PVとを共鳴させながら独自の映像文化を育んできたこのグループの来歴ゆえに、むしろそれまでのあゆみを順当に反映するものとして、また「演じる」ための土壌を作り続ける乃木坂46のアウトプットとして象徴的な映像作品である。

3　ドキュメンタリーと虚構のあわい

湯浅弘章が乃木坂46というグループの構造を踏まえながらも、あくまで虚構としての水準を保つ作品制作を続けているのは、彼自身の作家としての資質によるところも大きいだろう。また、何年にもわたって数多くの映像作家がMVや個人PVに関わり大量の作品群を生み出してきたことを思えば、湯浅の軌跡はあくまでその膨大な蓄積のうちのひとつである。ただし、乃木坂46がたびたびフィクションのレベルでの「演技」を重視してきたことを踏まえるとき、湯浅が乃木坂46のドキュメンタリー的な側面、とりわけ「選ばれない者」のいわば負の葛藤に接近しながらも、それらをドキュメンタリーとして俎上に載せるのではなく、あくまで虚構のドラマに昇華したことは留意されていい。というのも、次章でふれるように乃木坂46は「AKB48の公式ライバル」として、身も蓋もなくネガティブな側面をも写し出そうとする、まさにドキュメンタリー的なコンテンツによって駆動される世界にこそ対峙せざるをえなかったためである。

本章冒頭で山下敦弘が監督した「君の名は希望」MVにふれたが、山下はまさにそうしたドキュメンタリー性と虚構のあわいを、乃木坂46を通じて抽出する試みをおこなっている。オーディション風景で構成された山下版「君の名は希望」MVは、最後にオーディションの「合格者」が発表されるシーンで幕を閉じる。そして、合格した秋元真夏、生田絵梨花、橋本奈々未の三人はそのまま、山下が監督する映画『超能力研究部の3人』(二〇一四年)の主演を務めることになる。

『超能力研究部の3人』は当初、大橋裕之のマンガ『シティライツ』に収められたエピソードを原作に、いまおかしんじが脚本を手がける劇映画として企画が進められたという。しかし、「AKB、乃木坂のシステムや世界観のなかで映画を撮るのが、どうにも腑に落ちないというか、この三人で「フィクションの劇映画」をやることに、どこか拒絶反応があったんでしょうね」(「キネマ旬報」二

○一四年十二月下旬号、キネマ旬報社）と述懐する山下は、企画途上で映画の構造にひねりを加えようとする。その背景には、「彼女たちはＡＫＢの後に出来たグループだから、本来なら裏となる部分が表にされていて、隠すものや場所すら取り上げられている状態に見えた」と語る山下の、「でもだからこそ、それでも彼女たちの「裏」があるんじゃないかと引っ張り出そうとした」（同誌）という試行錯誤がある。山下が指摘するのは、バックステージまでがドキュメンタリー的に開示されコンテンツとして消費されていく、ＡＫＢ48に顕著なグループアイドルの性質である。第２章で論じたように、現行アイドルシーンにあってはパーソナリティの無自覚な発露までが享受対象にならざるをえず、また芸能者としての「オン／オフ」の境界も限りなく曖昧になり、ステージで振る舞う姿と「素」と呼ばれる状態とを截然と区切るような捉え方は有効ではなくなっていく。

そうしたアイドルシーンを「裏がない」と表現する山下が、最終的に『超能力研究部の３人』で採用したのは、いまおかの脚本に基づく劇映画パートと、その映画のメイキング映像の体裁をとるフェイクドキュメンタリーパートとを混交させる手法だった。大橋の原作に登場する超能力研究部の高校生たちのやりとりが劇映画として描写される一方、その部員たちを演じる乃木坂46を追ったドキュメント風の映像がしばしば差し挟まれ、そこでは「アイドルグループ乃木坂46の一員」としての一個人が「演じ」られる。このフェイクパートも虚構として周到にコントロールされるのではなく、ときに通常の意味でのドキュメンタリーに近い比重の場面も織り交ぜられ、それゆえにこの映画は明確な虚構とドキュメンタリー、そしてそのはざまにある映像とがまだらに絡み合った独特のリアリティを獲得している。

もっとも、こうしたリアリティの混濁もまた、ことさらに「アイドル」が題材であるために生じたというよりは、もとより虚構とドキュメンタリーとの交錯に自覚的な映像作品を生み出し続ける山下自身の資質によって導かれたものといえるだろう。結果的に秋元や生田、橋本の姿を通じて、演じられたものとそうでないものとの間にあるグラデーションが映し出され、そしてまた、両者の境界を指摘することの不可能性が浮かび上がった。湯浅がグループアイドルのドキュメンタリー性を意識しながらも、明らかなフィクションとしての役柄を「演じる」ことを要請したのに対し、山下はドキュメンタリーらしき体裁を作品全体に仕組み、そのなかに複数の水準の演技を忍ばせることで、虚構を演じることの複雑さを示してみせた。いずれも、乃木坂46と「演技すること」との微妙な距離感をつかむうえで重要な営みといえる。

しかし、山下が念頭に置いたように、AKB48を中心とする二〇一〇年代アイドルシーンにあっては、バックステージの喧騒やネガティブさ、あるいはパッケージに収まる商品としては本来見せる必然性のない疲弊までもはっきりとコンテンツ化する、「隠すものや場所すら取り上げられ」た環境が常態化している。実践者であるアイドルたちはそこで、自らの実存に紐づいた、アイドルという立場を生きる一個人を日々上演することになる。

着目すべきは、ここまでみてきたように虚構の水準でさまざまな上演を繰り返し、それを職能としている乃木坂46が、いざ「アイドルとしての一個人」の上演に向き合うとき、「AKB48の公式ライバル」には一見似つかわしくない躊躇をみせる点である。そのためらいはしかし、乃木坂46が根本的に何を上演して今日に至るのかを探るための、重要な手がかりでもある。

第5章

ドキュメンタリーと「戦場」
——異界としてのアイドルシーン

1　アイドルのドキュメンタリーが映すもの

リアリティショーの飽和

「アイドルという立場を生きる一個人」を上演することが日常になった二〇一〇年代、AKB48グループのような多人数アイドルグループにとって、ドキュメンタリーという言葉はきわめて身近なものであった。もとより、アイドルグループという体裁をとるか否かにかかわらず、群像劇を旨とする種類のエンターテインメントにとって、集団としての課題を前にした成員たちの息遣いや、日々の活動のなかで無数に生じるメンバー間の関わり合いを伝えるフッテージが強い訴求力をもつだろうことは想像にかたくない。

もっとも、ここでいう「ドキュメンタリー」とは必ずしもパッケージ化された映像作品のレベルで公開されるものを指すわけではない。「現場」やSNSを中心にアイドルのアウトプットが展開される状況については第1章で確認したが、それら「現場」やSNSで開示されているのは、タイムラグなく公開され続ける、絶えざるリアリティショーともいうべきものである。この情報環境が前提になる以上、周到に編集された「ドキュメンタリー作品」を介さずとも、メンバーたちの息遣いにふれる素材は無数に提示され、そこから受け手それぞれが事実を解釈していくことによって成り立つ特有のドキュメンタリー性は、むしろ常に飽和状態にある。

ライブやイベントなどでアイドルと受け手が時間や場所を共有する催しを指す「現場」はアイドルにとって重要な概念になったが、「現場」の性質として論じられてきたのは、「いま・ここ」でしかない瞬間をともにするというその一回性である。その場所に物理的に居合わせることで、編集も定まったカット割りもなく、時折垣間見える立ち居振る舞いの不規則さやハプニング性なども含めた、成型されていない一回きりの時間を受け手は享受する。そうした時間を体感するための場が無数に立ち現れたのが二〇一〇年代であった。

またSNSを例にとれば、多くのアイドルグループがメンバー個々人単位で複数のSNSやプライベートメール配信サービスを導入しているため、メンバーたちは日々、テキストや画像、映像の投稿・送信を通じて、自らの活動スタンスや趣味嗜好などを表現し続けることになる。「SHOWROOM」などのストリーミングサービスが広く活用されるようになった近年では、メンバー個々人のレベルで映像をライブ配信することも当たり前の光景になり、絶えざるリアリティショー化はますます進行する。それらリアリティショー的な発信は、ライブ活動やマスメディアへの出演など通常の「仕事」時間ではない、本来ならば「オフ」のタイミングでなされることも多い。今日のアイドルシーンにあって、実践者自身の「オン／オフ」の境界が曖昧になっていくことについてはすでにふれたが、それはこのように生活時間の大半がコンテンツになりえてしまう環境ゆえである。さらに、SNS上でメンバーが相互に言及し合うさまも日常的な風景になっているが、日々おこなわれるそのコミュニケーション自体が新たな群像劇の生成でもある。アイドルとファンとが同等にアカウントを有するタイプのSNSであれば、ファンはそれら新たな群像劇の生成に、アイドルと同じフィールド上で立ち会うことにもなるだろう。加えて、「現場」などで日々発生する物語もまた、受け手たちの生活にSNSが浸透しているゆえにすばやく伝播していく。リアルタイム性が強く、ときに受け手も当事者となるようなコミュニケーションの積み重ねは、グループアイドルというエンターテインメント形式にとって不可欠なものになっている。

芸能を生業とする者たちの舞台裏の喧騒やとりとめのないオフショット、あるいは突発的な事態に遭遇した際の振る舞いなど、「素顔」にふれられるようなコンテンツは従来、しばしばテレビ番組や映画作品としての「ドキュメンタリー」などを通して享受されてきた。けれども、そうした「素顔」を提供するようなコンテンツはいまや、「現場」とSNSによって日々繰り返されるコミュニケーションのほうにこそ、より色濃く見いだされる。それらは上映や放送を目的とした成型が施されないだけに、より真実らしさを感じやすいものでさえある。ともすれば、従来型のドキュメンタリー映像のほうが「ドキュメンタリー」性が乏しくなりかねないという、いささか転倒した事態さえそこでは生じている。

ドキュメンタリーらしさの倒錯

そして、乃木坂46がまさに対峙する相手としてあったAKB48に関していえば、そのドキュメンタリー性を強く推進し興味を持続させる役割を担ったのが、恣意的に生み出されてきた「事件」だった。グループ内のチームを解体ないし再編成する「組閣」やファン投票によってシングル表題曲の歌唱メンバーを決定する「選抜総選挙」など、グループに地殻変動を起こすためのイベントは日々の活動のなかに半ば暴力的に差し挟まれていき、メンバーたちの葛藤や修羅場を垣間見せる機会を作り続ける。それらはこのグループが提供する「ドキュメンタリー」性のうちに、いかにも明快なドラマをお膳立てしながら、人々の耳目を集める大きなきっかけになってきた。同時に、「アイドルという立場を生きる一個人」であるメンバーたちは否応なくそのドラマにコミットすることになり、群像劇の成員として「事件」に対峙する者という役割を日々上演していくことになる。

そのような環境下で、従来型のドキュメンタリー映像にこそ「ドキュメンタリー」らしさが乏しくなるという、倒錯的な状況を表しているかにみえるのが、たとえばＡＫＢ48初の劇場用ドキュメンタリー映画として二〇一一年初頭に公開された寒竹ゆり監督による『DOCUMENTARY of AKB48 to be continued 10年後、少女たちは今の自分に何を思うのだろう?』(以下、『to be continued』と略記)である。同作は、「選抜総選挙」や「組閣」など主要な出来事の舞台裏を収めた映像記録を活用しつつ、他方で特にスポットを当てるメンバーを絞りながら、映画用にしつらえられたインタビューも豊富に用いて構成されている。作中でインタビューに応じるメンバーたちは、ある者は自分がグループのトップになることはないという自己認識を踏まえてそのなかで生きる場を見つけようとし、ある者はひととき喧騒を離れて地元に戻り、旧知の人々と再会して安堵の表情を浮かべる。それら画面に映るメンバーたちの言葉や振る舞いは、芸能者がふとしたときにみせる素直な志や葛藤の発露として、不自然なものではもちろんない。作品総体を貫く整ったルックも含め、AKB48が巨大な有名性を獲得するに至る時期の一作品として、印象的な場面は少なくない。

しかし他方で、AKB48を常に取り巻いていたのは、「事件」を起点にして受け手が「現場」やインターネット上から無数の情報を抽出してそれぞれに解釈し、その解釈がSNSの海にあふれるようなメディア環境である。『to be continued』公開時は、メンバー個人レベルでのインターネット上での発信はその後に比べればずっと限定的だったが、受け手が日々直接・間接的に「現場」にふれるための情報がリアルタイムで無数に流通する環境はまさに整備されつつあった。いわば受け手一人ひとりが膨大なフッテージから群像劇を解釈する可能性に開かれた時期にあっては、二時間に収められたドキュメンタリー映画もまた、数限りなく生まれる限定的な視点のひとつにすぎない。そのなかで、映画のためにセッティングを整えておこなわれるインタビューはむしろ、普段の活動の合間にこぼれた声や表情を拾ったものよりも、あらかじめ準備され、また成型された情報にも映りかねなかった。これは『to be continued』という作品単体によってではなく、二〇一〇年代のアイドルシーンに特有のメディア環境が勃興しつつある時代状況が招いた事態だった。

「戦場」のイメージ

もっとも二〇一二年以降、この映画の続篇が順次製作されていくなかで明らかになるのは、AK

B48のドキュメンタリー作品において『to be continued』の端正なタッチはむしろ例外的なものだったということである。AKB48のドキュメンタリー映画の印象は、高橋栄樹が監督を務めた二〇一二年一月公開の次作『DOCUMENTARY of AKB48 Show must go on 少女たちは傷つきながら、夢を見る』(以下、『Show must go on』と略記)によって一変し、同作はAKB48というエンターテインメントがもつ性格の一端を象徴する作品となっていく。

『Show must go on』で監督を務めた高橋はまず、メンバーの活動の舞台裏が逐一いくつものカメラに記録され続けているという、AKB48を取り巻く特殊な状況を活用してみせる。ひとつのAKB48のコンサートにメイキングのカメラマンが十人以上稼働していることにふれて高橋は、「その映像を確認していったら、「これはカット割りができる。こんなドキュメンタリーはかってない」と感激しました。なので、一番最初にやったのは、カメラマンがそれぞれどこにいて、どう撮っていたのかを探偵のように調査すること。見取り図を書きながら、ある映像を見ていると、向こう側で別のカメラマンが撮っているのが分かって、「あっちのカメラの映像も欲しい」と分析して編集したんです」(「EX大衆」二〇一四年七月号、双葉社)と明かす。偶発的なはずの事態を収めた記録でありながら、劇映画のように複数視点のカットによる編集を可能にするAKB48の映像素材は、リアリティショー的なメディア環境が、通常ならば一般の受容者たちの目にふれない隅々にまで貫徹されていることを物語る。それら、あらかじめ使用先が定まらないまま累積されていく映像素材は、どのパートがいつ何のために公開されるか(されないか)さえわからないだけにある種、特定の作家の生理に依存したものになりにくい。高橋がＡＫＢ48のドキュメンタリー映画で駆使したのは、そのようなフッテージだった。以降、高橋は翌年さらに翌々年と、ＡＫＢ48の劇場用ドキュメンタリー映画を連続して担当する。

では、高橋はそれらの作品のなかでＡＫＢ48の何を切り取ってみせたのか。それは、いわば「戦場」としてのイメージだった。『Show must go on』では西武ドームでのコンサート中に舞台裏が混沌とし、その大混乱に翻弄されたメンバーがあからさまな疲弊をみせながら人前に立つ姿が、印象的に映し出される。このシーンに代表される、理不尽な負荷のありようやそれによるメンバーたちの困憊に接近した映像は、『Show must go on』公開によって既存のファン層を超えて広く世の中に波及することになった。ほかにも、「選抜総選挙」というファンの「民意」による順位づけの興行化や、恋愛禁止という風潮によって振り回されるメンバーの姿など、高橋はこのエンターテインメントがもついびつさや理不尽さを至近距離で切り取り、恣意的な「事件」によって生じる「戦場」を克明に描き出している。

高橋自身、自らの監督作が喚起する「戦場」としてのイメージに時折ふれている。高橋は『Show must go on』について、「『DOCUMENTARY of AKB48』というのも、ある意味では戦争映画に近いフォーマットだと思っているんですよね。西武ドームでの一日目のライブが終わったあと、彼女たちは反省会を開くんです。上官の命令は絶対だし、翌日にはまた次の戦争が始まるから、そこに向けて作戦を立て直すわけですよ」（坪内祐三／福田和也／リリー・フランキー／重松清責任編集

『en-taxi Vol.41（2014Spring）』〔ODAIBA MOOK〕、扶桑社、二〇一四年）と語る。また、観客からもこの映画が「戦場」のイメージで論じられていることを踏まえて、「世間では『あれは戦争映画だ』という言われ方もしたけど、その見方は鋭いと思います。実は参考にしたのは映画『エニイ・ギブン・サンデー』というアメフトの世界を描いた男臭いスポ根映画で、『プラトーン』のオリバー・ストーン監督だけに、映画に戦争のようなリアリティがあるんですよ」（「EX大衆」二〇一四年六月号、双葉社）と制作時の着想を説明している。

もっとも、次章でみるように高橋はそうした過酷さを映し出すこと、あるいはこのエンターテインメントがもつ理不尽さや暴力性に自覚的であり、また男性中心的な原理のもとで進行する事態に向き合う当事者として明らかに躊躇を示している。しかしともかくも、当代随一の巨大な女性アイドルグループを追った高橋のドキュメンタリー映画は、身も蓋もなく疲弊や過酷さを映し出したことも手伝って世の中にインパクトを与え、また二〇一〇年代に「アイドルのドキュメンタリー映像」が何を映すものなのかに関して、ひとつの基準を作り上げることにもなった。そしてまた、人員の選別やファン投票による「選抜総選挙」など、競争や順列の可視化を促すようなイベントを繰り返すAKB48自身の性質と相まって、高橋が「戦場」を映し取る機会もそのつど増加していく。これらドキュメンタリー映画に描かれた風景は、このジャンルの代表的なイメージのひとつとして定着していった。

2 乃木坂46の「順応できなさ」

競争的な役割への距離

ＡＫＢ48がこうした競争的な価値観を帯びていたのだとすれば、乃木坂46が背負った「公式ライバル」という肩書はその「戦場」のイメージにとっていかにも相性がいい。しかし、乃木坂46を追ったドキュメンタリー映画から如実にうかがえるのはむしろ、「戦場」に対峙することや、アイドルという立場を生きる一個人として競争的な役割を演じることへの違和感や戸惑いをみせるメンバーたちの姿である。

乃木坂46にとって初めてのドキュメンタリー映画『悲しみの忘れ方 Documentary of 乃木坂46』(以下、『悲しみの忘れ方』と略記)は、二〇一五年七月に劇場公開された。監督を務めた丸山健志は、前章でみた「君の名は希望―DANCE & LIP ver.―」MVをはじめ、乃木坂46のデビューから十作連続でシングル収録のいずれかのMVを手がけるなど、グループのキャリアを通じて継続的に関わってきた作家である。ＡＫＢ48ドキュメンタリーの代表的監督である高橋栄樹がＡＫＢ48初期から数多くのシングル表題曲ＭＶを監督していたように、乃木坂46もまた映像作家として密接な関係を結んできた人物に劇場用ドキュメンタリー作品を託したことになる。

『悲しみの忘れ方』の制作時点で、すでに高橋によるAKB48ドキュメンタリー映画は『Show must go on』をはじめとして三本が公開され、「戦場」を映し出すものとしての「アイドルのドキュメンタリー映像」のイメージは定着していたといっていい。そのような、不条理な負荷によって成員が追い詰められるシーンは『悲しみの忘れ方』にも少なからず織り込まれ、メンバーが文字どおり「倒れる」さまを収めた映像も採用されている。その点に関していえば乃木坂46の初ドキュメンタリー映画も、明確に『Show must go on』以降のアイドルドキュメンタリーの系譜をくむ作品といえる。

ただし『悲しみの忘れ方』に特徴的なのは、乃木坂46メンバーがその「戦場」に順応していくのではなく、むしろ戸惑いや違和感を表明するさまこそがクローズアップされるということだ。『悲しみの忘れ方』のなかで、「戦場」に乃木坂46が組み込まれていく様子を印象的に表すのは、二〇一二年一月に東京ドームシティホールでおこなわれた「AKB48リクエストアワーセットリストベスト100 2012」の舞台裏を収めた場面である。公演開始前、AKB48とその姉妹グループが垣根を超えて大きな円陣を作り、開演に向けてテンションを高めていく様子が映される。このとき、すでに絶大な知名度をもつプロフェッショナルたちであるAKB48の円陣を、隅の小さなスペースで見つめる乃木坂46メンバーの姿は、物理的な意味でも象徴的な意味でも圧倒的に小さい。AKB48グループに対抗する者として名乗りを上げるためにこのイベントに訪れながら、ステージ上でもバックステージでも、競争者としての佇まいをみせることはない。

もちろん、この時点でほとんど活動実績がない乃木坂46にとって、キャリアも知名度も段違いの巨大組織の「公式ライバル」という看板はあまりに大きい。作中でメンバーの生田絵梨花が「ライバルです、っていったって全然経験もないし、ほぼ素人だし。ライバルだけど、〝ライバル〟って自分たちの口からとても言えない」と振り返り、キャプテンの桜井玲香も「公式ライバルであるってことの意味っていうか、重要性とか、自分たちの存在がどういうものなのかということすら何も〔わからなかった：引用者注〕」と語るように、キャリアがゼロに等しい段階で、しかもＡＫＢ48グループのイベントという借り物のステージの上で、「戦場」に直面したゆえの当惑でもあるだろう。

しかしまた、『悲しみの忘れ方』が時系列に沿って進行するなかで映し出されるのは、楽曲リリースに際しての人員選抜や『16人のプリンシパル』での観客投票など、競争や選別をルーティンにする活動への違和感を示してみせるメンバーたちの姿である。グループ全体を選ばれる者と選ばれない者とに分離し、ファン投票という「民意」によってメンバー間の布置を可視化するそれらの枠組みに対して、なぜグループを分けようとするのかと乃木坂46のメンバーは問う。すなわち、ＡＫＢ48の系譜に連なるグループとして「戦場」の一端が描き出されながらも、丸山が監督したこのドキュメンタリー作品に映ったのは、むしろその「戦場」に順応できない者たちとしての乃木坂46である。そこでは乃木坂46のメンバーたちはごく素朴に、「公式ライバル」であるＡＫＢ48的なエンターテインメントの枠組みを疑い、半ば自らにとっての「異界」としてこのジャンルをまなざしてもいる。その「順応できなさ」はそれ自体がＡＫＢ48的なアイドルというジャンルについての、ひとつの批評たりえている。つまり、ＡＫＢ48的なエンターテインメントに参入する者たちが、そもそも一般の人々からすればきわめて異質な慣習を受け入れながら、競争的なプレイヤーとしての役割を演じているということを照射する。

母あるいは一般人の視点

このような「戦場」への違和感をさらに浮かび上がらせるのが作中のナレーションである。ナレーターを務める西田尚美が映画の進行に沿って読み上げるのは、乃木坂46メンバーの母親たちがつづった言葉だ。特徴的なのは、母親たちの言葉がどちらかといえばポジティブなエールではなく、自身の娘が芸能の世界で活動することへの、いくぶん後ろ向きな感慨の吐露になっていることである。あるメンバーの母親はわが娘にオーディション参加を勧め、結果として娘が乃木坂46のメンバーに選ばれたことを振り返り、「とりかえしのつかないことをしてしまった」という言葉を選んでいる。またある母親は娘が仕事に関して親の力の及ばないところにいってしまったことへの寂しさを語り、ある母親はかつて娘との間に生じていた心理的な距離を言語化する。それらの言葉は、わが子が屈指のメジャーアイドルグループの主要メンバーであることに歓喜したり後押ししたりするものというよりは、制御しようのない状況にどうにか折り合いをつけるような風情がある。

メンバーたちが乃木坂46になる以前の生い立ちを描写することに時間が割かれ、また作品後半に至っても一貫して母親たちの言葉を用いたナレーションによって導かれる『悲しみの忘れ方』は、いわば「一般人」の視点から組み立てられた作品である。ある母親の、「なぜ他人に自分の娘のことを責められなきゃいけないのか、泣かされなきゃいけないのか」という乃木坂46を取り巻く現実への率直な疑念は、素朴であるがゆえにアイドルシーンの「戦場」性を相対化する鋭さをもつ。マスメディアのみならず「現場」やSNSなど多様な場でアイドルたちに直接・間接にさまざまな声が投げかけられる環境は、アイドルシーンにとってはごく当たり前の標準的なものになった。しかし、「一般人」の視野からみれば、それは自身の子に不条理なプレッシャーをもたらす異界としてある。親たちの語りを参照したナレーションと呼応するように、作中に映されるメンバーたちもまた自身が現在参入しているアイドルという異界に対して、当事者でありながら少なからず距離や違和感をにじませながら対峙する。AKB48に寄り添い続けた高橋が被写体をめぐる環境に「戦場」を見いだしたのだとすれば、かたや乃木坂46デビュー時から携わる丸山が見いだしたのは、用意されたその「戦場」のなかで競争的な役割を演じることにためらいをみせる「一般人」の視点だった。

3 「戦場」ではない道

エトランゼの逡巡

とはいえ、丸山は乃木坂46のメンバーたちがやがて芸能者として順調にそれぞれの活動の幅を広げていく予感とともに、『悲しみの忘れ方』という作品を締めくくっている。『悲しみの忘れ方』終盤で示す明るい予兆のとおり、乃木坂46は同作公開の二〇一五年から毎年『NHK紅白歌合戦』出場を続け、ドーム・スタジアム規模の会場でワンマンライブをおこなうことも恒例になり、一七年、一八年には「日本レコード大賞」を二年連続で受賞する。まさに『悲しみの忘れ方』で描出された時期以降、乃木坂46はアイドルグループとして巨大な有名性を獲得するに至る。ただし、それはあの恣意的に構築された「戦場」に乃木坂46が順応するという帰結を意味しなかった。

乃木坂46が女性アイドルシーンの代表的グループとして存在する二〇一七年末から一九年前半にかけての期間を記録したのが、一九年七月に公開された乃木坂46にとって二作目のドキュメンタリー映画『いつのまにか、ここにいる Documentary of 乃木坂46』(監督：岩下力。以下、『いつのまにか、ここにいる』と略記)である。前作のドキュメンタリーを託された丸山がグループの歩みに継続的に関わっていたのとは対照的に、この映画では乃木坂46のことをさほど知らなかったという岩下力が監督に起用されている。

『いつのまにか、ここにいる』に特徴的なのは、乃木坂46の名を冠したドキュメンタリー映画でありながらも、乃木坂46にアプローチする岩下自身の葛藤や自意識のほうが前景化し、それが作品を推進していく点である。もとより、監督の自意識や視座が作品のアイデンティティと深く関わるのはドキュメンタリーの常といえる。しかし、既存ファン向け作品としての性格が強いこのタイプの映画において、エトランゼとしての岩下自身の模索のプロセスを見せ続ける『いつのまにか、ここにいる』は、ややイレギュラーな手ざわりをもっている。

ただし、エトランゼであることをシンプルに自己提示する岩下の視線を通すからこそ、「アイドルグループ」の代表的存在になった時点の乃木坂46がどのような特徴を手にしているのか、いくぶん俯瞰的な視点からうかがうものにもなっている。映画序盤で「アイドルのことは、何ひとつ知らなかった」「乃木坂46のことは名前しか知らなかった」とつづる岩下は、アイドルについてパブリックイメージ以上のものをもたない立場から出発している。しかし同時に、岩下はアイドルのドキュメンタリーといえば「少女の成長譚」や「一般の少女がスターを目指す道のり」が描かれるものという先入観をあらかじめ抱いてもいる。それはつまり、エトランゼが思い描く、アイドルのドキュメンタリーなるものについての一般的なイメージということになる。二〇一〇年代のアイドルドキュメンタリーを先導したAKB48グループのドキュメンタリー群が映してきたのはまさに、試練を乗り越えて成長へ向かうドラマを見いだす機会にあふれた「事件」の連続であった。

岩下が「何を映画にすればいいのか」と吐露するところから『いつのまにか、ここにいる』が始まるのは、作中の言葉を用いるならば目の前にいる乃木坂46がすでにして「プロフェッショナル集団」であり、「すべてがうまくいっている」ように映るためである。つまり、試練を乗り越えて進む少女の成長譚といった岩下が思い描く典型的な物語の鋳型に、乃木坂46がなじまないために岩下は逡巡している。そのうえで岩下が二〇一〇年代終盤の乃木坂46に見いだしたのは、群像劇を提示する存在ではありながらも、あの「戦場」や競争的な世界観とは異なるものによって、組織が求心力を保つ姿だった。

「仲の良さ」という日常性

岩下が追った二〇一七年末から一九年前半の乃木坂46は、『悲しみの忘れ方』のころとは違い、巨大な他者との比較によって自らのアイデンティティを確認する必要がない組織になっている。さりとて、組織内において逐一、他者との比較や競争的な価値観に基づいた群像劇が駆動されるわけでもない。「すべてがうまくいっている」このグループに、岩下は「戦場」の影を見いだしていない。『いつのまにか、ここにいる』で岩下が発見するのは、乃木坂46の「仲の良さ」という、一見すればあまりに素朴な特徴である。

このドキュメンタリーでは作品全体を通して、乃木坂46メンバーたちが他のメンバーたちに向ける愛着や、それぞれが乃木坂46の一員として過ごす日々に抱く愛おしさをいくつもの側面から見いだそうとする。そうした愛着とは、何か特定の劇的な事件によって喚起されるものではない。むしろ、わかりやすい「物語」とは必ずしも連動しない日常性のなかに埋め込まれている。そのために、『いつのまにか、ここにいる』はAKB48グループのドキュメンタリー映画群や前作『悲しみの忘れ方』と比較しても、センセーショナルな映像が呼び物になるわけではなく、著しく静的なタッチで描かれることになる。

もちろん、同作が追尾する一年半ほどの間には、西野七瀬や生駒里奈をはじめとして草創期から乃木坂46を支えてきたメンバーの相次ぐグループ卒業があり、新たなメンバーたちの加入と相まって、乃木坂46は組織が継承の段階にあることを示すフェーズに入っていた。加えてこの期間は、乃木坂46が圧倒的なメディアスターの立場を背負うようになった時期とも重なる。つまり、外面的なイベント性に着目するならば、成員の卒業と加入にともなう組織の地殻変動や名声の獲得を起点にわかりやすい「物語」を紡ぎ出すことは容易であり、同作でも卒業コンサートなどのイベントを映すことに時間が割かれている。それでも、社会的な名声を獲得し、またグループのカラーが確立した時期の乃木坂46を追った『いつのまにか、ここにいる』が帰着するのは、あくまでメンバー同士の愛着という日常性のなかに見いだされる慈しみ合いだった。

円熟期を迎えた乃木坂46を捉えようとするとき、「仲の良さ」という、ことさら劇的な何かによらない日常性こそが主題になったことや、さかのぼれば前作『悲しみの忘れ方』では乃木坂46メンバーたちが「戦場」へのコミットにためらいをみせていたことは、このグループが体現する価値観をはかるうえで重要なポイントとなる。これらの要素は、本書後半に向かうにあたっての鍵として留意したい。

では、かつてアイドルシーンをある種の異界としてまなざし、やがて日常性のうちにグループの特性を浮かび上がらせてきた乃木坂46は、それでもなお随伴するアイドルシーンのルーティンに対してどのような距離を切り結ぶのだろうか。次に、また別の角度から乃木坂46を切り取ったドキュメンタリーを起点に考えてみたい。

第6章

アイドルシーンが映し出す旧弊

1　ライフコースのなかのアイドル

ハイライトとしての「卒業」

ドキュメンタリー映画『いつのまにか、ここにいる』において監督の岩下力が乃木坂46を象徴する姿として見いだしたのは、彼女たちがわかりやすく試練を乗り越える成長譚でも「戦場」や「事件」をサバイブするストーリーでもなく、日々の活動の端々にごく自然に看取される、メンバー同士の慈しみ合いだった。それらは日常的な営みのうちに現れるものであるため、『いつのまにか、ここにいる』でも基本的には静的なやりとりや言葉の積み重ねによって表現される。しかしこの作品中で、メンバー同士の愛着をいっそう浮かび上がらせる機能を備えながら、ややドラマティックな道具立てとして登場する事象がある。それは、コミュニティを去る契機としての「卒業」である。

アイドルには、「卒業」という単語がついて回る。とりわけ二〇一〇年代に入り、多人数グループが女性アイドルシーンのスタンダードになったことで、「卒業」は強い意味をもつようになった。それは、多人数グループの隆盛によって、グループ内イベントとしての「卒業」という形式がルーティン化したためだ。

たとえばソロでデビューし、ある時期を「アイドル」と呼ばれて過ごす芸能人の場合であれば、その人物がいつから「アイドル」であり、いつから「アイドル」でなくなるのかの線引きは、きわめて曖昧である。各人が時機に応じて自身の活動内容や見せ方を制御することで、自己のアイデンティティの現在地をそのつど定め、世の中に対して周知させていく。これに対してグループアイドル全盛の今日、グループへの加入や脱退はそのまま、形式としての「アイドルである／ない」の截然とした区別としてははたらく。所属しているグループからの「卒業」はひとつの儀式としての性格をもち、その人物がアイドルというジャンルと別離したことを明確に告げる。

そもそもアイドルという言葉はきわめて多義的に、また融通無碍に用いられてきた。あるときは超越的な存在感を表す言葉として使われ、あるいは職の種別を問わず憧憬の的になる（若い）人物というニュアンスを含み、あるときは芸能の一形式を指し示すような語となる。また芸能の一形式、すなわちジャンルとしての「アイドル」であってもその規模や社会的認知度の大小などによって、どの程度まで専業とみなしうるかなどの条件には相当の幅がある。しかも、これらいくつものレベルの語義は相互に区別されず、多様な意味合いが混交したまま用いられていく。しばしば、「アイドル」をめぐって議論が混乱するのは、話者それぞれが当の「アイドル」という言葉をどのような位相で語ろうとしているのか、また前述のような多義性をどのように捉えているのかといった、語義にまつわる交通整理ができていないためである（たとえば本書であれば、乃木坂46やＡＫＢ48を議論の中心にしているように、商業的な規模としても国内で最もメジャーなグループアイドルを念頭に置いている）。

そのような語義の混乱はいまだ続いているにせよ、ともかくも多人数グループの定着によって、もともとジャンル横断的に用いられることが多い「アイドル」という語に関して形式上、「俳優」や「モデル」などの職能とは区別された、特定の表現フォーマットとしての語義を見いだしやすくなった。グループからの「卒業」がアイドル（という言葉に付随するさまざまなイメージや規制のようなもの）からの離脱として自然に認識されうるのは、「アイドル」という語が固有のジャンルを示す肩書としてはたらいているからにほかならない。

繰り返される儀式としての性質をもったことで、ともすれば「卒業」はアイドルたる人物のキャリアのハイライトとしてことさらに縁取られることが多くなる。グループアイドルという群像によって表現こそが世間的な脚光を浴びやすい時代にあるならば、そこから「卒業」してのち個人としてのキャリアを歩んでいくことは、ごく表面的にはポピュラーさを体現する場へのプレゼンスが減ることを意味する。当人にとってはそれが人生における必然的なステップであったとしても、プライムタイムから退場するようなニュアンスで言及されることは少なくない。二〇一九年の春、AKB48グループからの卒業を目前にしていた指原莉乃が「卒業後の未来」に関して問われた際に語ったのは、「みんな一生売れたいと思ってAKB48を卒業するわけじゃないので。世間の人は「〇〇消えた」とかそういう言い方をしますけど、そんなふうに言われるのもみんなわかっていて、それでも一人でやりたい、AKB48を卒業したいと思うから辞めるんです」「で、辞めたあとも「うわ、やっぱりAKB48にいればよかったな」って人も絶対いない。それはグループがダメなんじゃなくて、やっぱり一人のほうがやりたいことをできるからなんですけど、そこはたぶん世間の人は誤解してると思います」（「AKB48「ジワるDAYS」インタビュー」「音楽ナタリー」）といった言葉だった。指原の見解は、グループからの離脱を半ばその人物の全盛期の終焉として捉えるような「世間」を念頭に置いている。そうした「世間」の目を睨み返すような趣をもつこの実践者からの発信は、ひとつのハイライトとしての意味を帯びる「卒業」が慣例化した現在の、「アイドル」に対する社会の視線を浮き彫りにするものでもある。

卒業は〝イベント〟ではない

近年の乃木坂46が女性アイドルというジャンルの中心にいる以上、そのメンバーたちの卒業もまた例外なく、ひとつのイベントとして受け止められる。たとえば二〇一七年春に乃木坂46を離れた橋本奈々未の、卒業発表からラストコンサートに至るまでの流れは、「卒業」がイベント化される代表的な例だった。一六年十月二十日放送『乃木坂46のオールナイトニッポン』（ニッポン放送）は、オンエア上で橋本の卒業発表をおこなうための構成を組み、その翌月にリリースされた乃木坂46のシングル『サヨナラの意味』は橋本を初めて表題曲のセンターポジションに据え、明確に橋本との「別れ」をモチーフにして作詞された。そして、一七年二月に三日間をかけてさいたまスーパーアリーナでおこなわれた乃木坂46のデビュー五周年ライブ「5th YEAR BIRTHDAY LIVE」では、全三公演のうち一公演を「橋本奈々未 卒業コンサート」と銘打って開催、彼女へのはなむけとした。

橋本の卒業は、グループの歴史全体のうちでも有数のイベントとして位置づけられたといっていい。

けれどもここで着目したいのは、「卒業」が一大イベントとして華々しく興行化されていく過程とは対照的に、橋本自身が「卒業」をことさらに特別なものと位置づけないような振る舞いをしていたことのほうである。

たとえばそれは、橋本に先立ってグループを離れたメンバーについての、橋本による言及からもうかがえる。二〇一六年一月、乃木坂46に所属していた深川麻衣が卒業を発表する。その二カ月後に発売されたシングル『ハルジオンが咲く頃』では深川が表題曲のセンターポジションを務めたほか、深川にとって初のソロ歌唱楽曲が収録され、付属のDVDにも深川の卒業をテーマにしたドキュメンタリー映像「深川麻衣ドキュメンタリー――永遠はないから」（監督：湯浅弘章）が収録されるなど、深川の卒業を強く意識したコンテンツ作りがなされた。乃木坂46にとっては、メンバーの卒業を直接的にシングルリリースと関連づけてイベント化する初めての契機になった。

収録されたドキュメンタリー「永遠はないから」のなかで、同期メンバーとして深川の卒業についてインタビューを受けた橋本は、「卒業」をいたずらに重大なイベントとして受け止めないような振る舞いをみせている。橋本は次のように語る。

結成当初から十八歳以上だった私たちの年代から上のメンバーは、入った瞬間から、「〔乃木坂46に：引用者注〕何年いると思う？」っていう話をしたり、わりとずっと身近に卒業っていうものがあり続けながらきたので、あらたまって「私、ここらへんで卒業しようと思ってるんだ」っていう話がとても衝撃に感じるかというと、実はそうではないというところがあって。

特に「大人メンバー」って言われる、私、松村（沙友理）、白石（麻衣）、衛藤（美彩）とか、まいまい（深川）とかそのあたりの年代の子は、もともと年齢が上で入ってきてるので。覚悟はずっとつけてる、自分自身の中で。

だからなんか、それは自分が〔卒業を：引用者注〕するっていう形でも、他のメンバーがしていくっていう形でも、それがイベントとして起こりえるじゃなく、いつか流れで起こることだっていうふうに捉えているので、衝撃とかびっくりとか、「嘘でしょ？」とかそういう感情じゃなくて。「ああ、決めたんだね」っていうか、「あ、具体的になったんだ」みたいな。

（乃木坂46『ハルジオンが咲く頃（Type-A）』付属DVD、二〇一六年）

この橋本の語りは、グループ結成当初すでに橋本や深川、あるいはその他何人かのメンバーが十八歳以上の年齢だったことを起点になされている。乃木坂46結成時のメンバーのなかで年長に近い位置にいるからこそ、彼女たちにとって「卒業」は常に身近なところにあった。この引用部で着目したいのは、後半にみられる「イベントとして起こりえるじゃなく、いつか流れで起こること」という表現である。ここでは「卒業」が何かの終わりとして大仰に位置づけられるのではなく、あくまでその先の人生と地続きのものとして捉えられ、アイドルグループ乃木坂46のメンバーとしての己の人生と、「アイドルでない」状態の己の人生とが、ごく自然に接続されている。橋本はグループ在籍期間を通じて時折、そうした地続きのものとしての人生への想像力を喚起するような振る舞いをみせてきた。先の指原とアプローチは違えども、これもまたアイドルとしての活動期こそがキャリアのハイライトとして受け取られがちであることを、静かに指摘する機能をもっている。

エイジズムの再生産

二〇一〇年代のグループアイドルの定着は一方で、女性アイドルグループが長期にわたって活動を続ける可能性を広げてきた。一つのグループが長期にわたって存在しうるならば、何年もかけて表現の方向性を固めていくこと、また同時にその歳月を歩むメンバーたちが年齢を重ねながらパフォーマンスを成熟させていくことも珍しくなくなる。乃木坂46が女性アイドルシーンのなかでトップクラスの認知度を獲得したのもまた、おおよそ十代半ばから後半でグループの一員になったメンバーの多くが二十代前半から半ばにさしかかった時期のことだ。

もっとも、アイドルのキャリアに長期的な視野を見いだす可能性が広がっていったこととは対照的に、女性と年齢にまつわる価値観についていえば、女性アイドルシーンは前時代的な抑圧のコードを温存しやすい場としてある。先の橋本の語りにみるように、彼女たちはハイティーンにしてすでに「卒業」を心理的に近いものとして感じざるをえない環境に置かれている。とりわけアイドルというジャンルにおいては、十代のうちに表立った活動を開始するケースが多いことも手伝って、

「若さ」にこそ価値を見いだすような身ぶりがしきりに繰り返される。たとえばライブ中のMCなどアイドル同士がトークを求められる場面では、年上の相手の年齢を「いじる」光景はほとんど常套的なものになっている。典型的なパターンとしては、グループのなかで相対的に若年のメンバーが年長メンバーに対して〝高齢〟であることを指摘しながらからかう、もしくは年長メンバーが自虐的に自身の年齢に言及してみせるようなものである。テレビバラエティなどでも、年長のアイドルを〝高齢〟と位置づけて「いじる」ことで、番組進行上の起伏をつけるような演出は頻繁になされてきた。長らくグループの冠番組をもち、テレビ出演が多いグループとしてある乃木坂46もまたそのような旧習から自由ではない。

状況がやや複雑であるのは、これら年齢が相対的に高いことを「いじる／いじられる」身ぶりはしばしば、アイドルにとって他者との差異化をはかるための能動的なセルフプロデュースと結び付いてもいるためだ。今日のアイドルにとって、集団のなかで己の適性を模索しながら、同時に自らをキャラクターづけていくことは、自身がサバイブするための重要な足がかりになっている。このとき、アイドルたちが頻繁に用いるトピックとして、年齢の高さを「いじる」あるいは積極的に自虐に用いる身ぶりは存在している。しかし、一見してアイドル自身の能動的なアクションとしてあるこの「年齢いじり」は、アイドルや芸能といった範囲を超えて社会全体にいまだ根を張っているエイジズムを再生産するものだ。社会のなかに強固に埋め込まれた価値観だからこそ、アイドルたちが日々立ち振る舞ううえでしばしば手を伸ばしやすいトークの糸口にもなり、その振る舞いは女性の「若さ」に価値を見いだし「そうでない」人々を劣位に置くような、社会的な抑圧をなぞっていく。この点で、若年女性としてのアイデンティティを背負いながらなされるアイドル自身による主体的な実践と、エイジズムによって女性が抑圧される構造の維持とは、しばしば容易に共存しうる。

このとき、橋本が「アイドルとして相対的に年齢が高いこと」を引き受けながらも、そこに特別な意味を見いだそうとするのではなく、「卒業」を当たり前のプロセスの一部として言及してみせていることは、アイドル自身が示す姿として重要な例になる。アイドルたちのセルフプロデュースが必須項目になり、彼女たち自らのパーソナリティや立ち振る舞いこそが肝要になる時代であるならば、それはアイドル当人たちがこのジャンルのうちにあるさまざまな基準を自ら決定していく機会に開かれていることも意味する。橋本の振る舞いはとりたてて何かに対する具体的な異議申し立てというわけではない。アイドルシーンで慣例化している年齢にまつわる価値づけは認識しながら、そこに必ずしも順応するのではなく、あくまで自身のリアリティに沿った言葉を紡いでいるにすぎない。それは旧弊に対する明快でアクティブな抵抗ではないかもしれないが、「順応しない」姿勢を示すことの意義は小さくない。この姿勢に相通じるスタンスは、本書終盤に乃木坂46の他の局面でも見いだされることになる。

2　アイドルのコード、社会のコード

男性的な原理への距離感

アイドルシーンの慣例的なコードに対する距離感や「順応しないこと」は、そもそも前章でみたように乃木坂46のドキュメンタリーでも基調としてうかがえるものだった。たとえばキャリア初期の乃木坂46が対峙せざるをえなかったコードとは、ＡＫＢ48にみる「戦場」としてのイメージである。ＡＫＢ48にそうしたイメージを強く重ねたのが、高橋栄樹による一連のドキュメンタリー映画群であったことは先に記した。その高橋は、ＡＫＢ48の競争的な価値観を踏まえながら、乃木坂46が帯びているＡＫＢ48との距離感に言及している。漫画家・志村貴子が描く世界観と乃木坂46がもつ空気感との親和性を語るなかで、高橋は社会全体を男性的なマッチョイズムが取り巻いていることを指摘しながら、次のように述べる。

アイドルに即して言うと、ＡＫＢというのは明らかに競争の世界で、ある種の男性的な原理のもとで戦わないとやっていけない部分が多々ある。それにはやはり正直、賛否はあるだろうと思います。そういうものから少し乖離したいというのが乃木坂とか、志村さん的な世界への

需要が高まっている理由なのかもしれません。男性／女性であるとか、あるいは経済格差もそうかもしれないけど、いろいろなものをパーティションで仕切る不寛容な社会がいよいよ顕在化してきているなかで、ある種の抵抗も含めてそうではないところに無意識的に向かっているのではないかという気はしますね。

（高橋栄樹「アイドルは少女とともに――映されるものの空白」「ユリイカ」二〇一七年十一月臨時増刊号、青土社）

かねてから志村貴子作品に愛着をもち、また乃木坂46との邂逅に際して、「実際にメンバー――特に生駒（里奈）ちゃんや生田絵梨花――を見た瞬間に「わ、リアル志村貴子の世界じゃん！」と思った」（同誌）と回想する高橋にとって、おそらく乃木坂46にふれることは、AKB48との関わりとはやや異質な体験としてあった。高橋が用いる単語でいえば、それは「競争の世界」や「男性的な原理」からの距離ということになるが、乃木坂46メンバーがドキュメンタリー映画『悲しみの忘れ方』で戸惑いをみせ距離を置いていたのはまさに、高橋が捉えた「戦場」としてのアイドルシーンに対してであった。

高橋自身、AKB48の代表的なMVを数多く手がけ、また長期にわたってAKB48に密着しながらドキュメンタリーを作ってきた立場として、まさに自らの取材対象のうちに否応なく付随する「男性的な原理」に対して無自覚ではいられない。高橋が監督した二〇一四年のAKB48ドキュメンタリー映画第四作『DOCUMENTARY of AKB48 The time has come 少女たちは、今、その背中に何を想う?』公開後、同作を制作する過程での印象的な出来事を問われた高橋は、「峯岸さんが髪を切ってしまって丸坊主となった事件でしょうか。世間で大きく報道されましたよね。行為自体は否定も肯定もする気はないし、結局は〔ドキュメンタリー映画のなかでは:引用者注〕触れなかったんですけど。(第四作目を作る時に)ドキュメンタリーとしてどうやって向きあえばいいか、分からなくなったのは事実です」(「EX大衆」二〇一六年八月号、双葉社)と、自身の逡巡を振り返る。

高橋が指しているのは、「恋愛スキャンダル」とされる喧騒の当事者となったAKB48の峯岸みなみが自身の頭髪を丸坊主にし、さらにはそのさまをAKB48運営が公式にインターネットで公開する判断を下した一連の事件である。続けて彼は、「握手会の事件はテロとか暴力的な社会の中で、我々は人とどう接するのかという内容だし、坊主も男性的なハラスメント。社会派ドキュメンタリーですよ」と、AKB48の握手会でメンバーが暴漢に襲撃され負傷した事件なども踏まえてAKB48が内包してきた困難を捉え、峯岸の件については「男性的なハラスメント」という言葉を選んでいる。高橋がドキュメンタリーの対象としてきたのは、いわば社会全体の反映であるような暴力性や男性的な抑圧に覆われた世界で、ある役割を演じながら自身の立ち位置を切り開こうとする女性アイドルたちの姿である。エイジズムについて前述したように、女性アイドルたちの〝主体的〟な実践はときに、当の女性自身への抑圧と共振してしまう。高橋自身は、自らが映し出した光景に対して明快な意味づけをしてみせるわけではない。むしろAKB48に対して密接な距離にいる映像作家として目の前の事象への戸惑いを隠さず、「NMBのドキュメンタリーを監督された舩橋淳さんのような、距離感ある人ならできるかもしれないけど、僕はやりようがない。……って思っているのが自分の限界なのかなって。それは悩みなんですけど」（前掲「EX大衆」二〇一六年八月号）と吐露する。それでもなお、彼が監督したAKB48のドキュメンタリーがしばしば対象を突き放した批評性を帯びるのは、先に記したような社会の抑圧の反映が否応なくカメラに収められているからでもある。

乃木坂46や志村貴子に関する高橋の見解は、二〇〇一年のアメリカ同時多発テロ事件を契機にして生じた、彼自身のジェンダーをめぐる認識がその背景にある。高橋は「九・一一」をきっかけに、自分たちの生活の基盤であるはずの政治や社会機構が「こんなにも男性中心の恐ろしくマッチョな世界だった」ことに気づかされる。そして「端的に言って女性的な視点がないがしろにされているような気がした」と語る高橋は、「男性性と女性性がきちんと分岐する以前」の感覚に注目する。

男性は男性らしく、女性は女性らしくあらねばならないという窮屈さの反対側に、男性性と女性性がない交ぜになった感性によって生きられる世界がある。それは一般の社会から見たらまだまだカウンターカルチャーのように見えるかもしれないけど、実は人間にとって普遍的なものなのではないかと。そういうものに目を向けていくと、もっと世の中が自由に、ことによると平和に過ごしやすくなるような気がしているんですよね。

（前掲「ユリイカ」二〇一七年十一月臨時増刊号）

この男性性・女性性を問い直す言葉に続けて語られたのが、本項の序盤で引用した「男性的な原理」から乖離する存在としての乃木坂46的あるいは志村貴子的世界だった。アメリカ同時多発テロをきっかけに高橋のなかで喚起されたジェンダーをめぐる問題意識や問いかけから乃木坂46のあり方へと接続するこの思考は、アイドルシーンのコードもしくは社会が温存しているマッチョイズムに対する乃木坂46の距離感を考えるうえで示唆的である。

異性愛主義の視線

しかし、繰り返すようにアイドルというジャンルは旧来的な価値意識の名残を引き受けやすいジャンルとしてある。すでに橋本の語りを起点にしながら、加齢に対するネガティブな受容の再生産についてはふれた。ここではさらに、高橋が言及したような固定的な男性性・女性性をめぐる論点にも目を向けておきたい。

近年の乃木坂46は時折、「女性ファンも多い」女性アイドルグループとして語られる。「同性のファンが多い」ことがアイドルというジャンルでことさらに言及されるのは、「アイドルのファンは異性である」という認識が浸透しているためだ。端的にアイドルに対するファンの同性・異性の比率を考えるならば、それは全般的な傾向としてはおおむね正しい。

けれども、実際にはそれは単なる比率や傾向以上の意味づけをされることが多い。「アイドルは異性がファンになるもの」という観念は、アイドルというジャンル全体を性愛的な思慕のみに還元する発想を源にしている。それだけでも一つの文化がもつ諸側面への理解として短絡的ではあるが、さらに指摘できるのは、そこでは原則として「異性」が思慕の対象として想定されていることだ。ファンからのアイドルへの愛着が異性愛主義だけに収斂して解釈されることで、同性のアイドルを好きになるファンを奇異な目でみるような振る舞いも醸成されることになる。

乃木坂46の女性ファンたちに取材した二〇一六年のウェブメディア記事が提示するのは、「女性が女性アイドルを応援する」ことに対して向けられる、他者からの視線の窮屈さである。深川麻衣のグループ卒業を控えた時期の、乃木坂46の握手会に参加した女性ファンからの聞き取りや記者の経験談で構成された記事には、「親から常々「[女性なのに:引用者注]何で女性アイドルを応援しているの?」と苦言を呈されて悲しい思いをしている」「「あなた同性愛じゃないよね?」と聞かれる」などの、女性ファンに投げかけられた言葉が並ぶ(軽部理人「私たちが女性アイドルにハマる理由 急増する「女オタ」たち」「withnews」)。それらの記述からは、アイドルというジャンルへの愛着を異性愛的なものにのみ還元する周囲の視線や、そもそも性的指向に対する雑駁な固定観念がぶしつけに投げかけられるさまが浮かび上がる。同記事では、窮屈さや抑圧を強いる「世間」の視線が幾重にもかさなって、アイドルファンに向けられているさまを概観したうえで、「多種多様な趣味」を尊重しようという論旨が結末部で明言されている。この取材から導き出すメッセージとしては、妥当性が高い議論の展開とはいえるだろう。

しかし、この記事の執筆者自身もまた、取材の過程で「女性が女性アイドルを応援することって、変じゃないですか？　ちょっと意地悪く、そう聞いてみました」（前掲「私たちが女性アイドルにハマる理由 急増する「女オタ」たち」）と、まさに取材対象の女性ファンたちがこれまで投じられてきた視線を再生産するような問いかけをおこなってもいる。記事の文脈上、アイドルと異性愛との強い関連を前提にしたこの問いは、いわば被取材者に対して「同性愛って、変じゃないですか？」と〝ちょっと意地悪く〟尋ねる振る舞いと近似である。多様性への理解を呼びかける趣旨の記事が作成されるにあたって、素朴な差別性をあらわにするようなあえての〝意地悪さ〟が自然に選択されるのだとすれば、アイドルを趣味として享受することがともなう困難を、この記事の身ぶりそのものが体現しているようでもある。

また、こうした異性愛主義を前提にした視線と共犯関係を切り結ぶのが、現在のアイドルシーンにとっていつしか規則であるかのように受け止められている、「恋愛禁止」と呼ばれる風潮である。この風潮は、実質的には「異性間」の性的交渉を思わせることがらに対する禁忌としてだけ機能している。まずもって、「恋愛禁止」という風潮そのものがいびつな抑圧をはらむコードであるが、さらにその禁忌が異性間にだけ適用されることで、異性愛こそを「恋愛」のスタンダードとする価値観も同時に忍ばされることになる。ここでは、位相の異なる二重の抑圧が結び合いながら作用している。

加齢に対するネガティブな価値づけも、男性性・女性性にまつわる旧来的な観念による束縛も、より広く社会全体が抱えてきた慣習がアイドルシーンのうちに忍び込んだものである。あらかじめしつらえられたそれらの慣習は、アイドル自身やファンたちをひそかに順応させていく。特に、実践者であるアイドル当人は、「アイドル」として世間的な注視を浴びやすい活動期間のうちに、自身のキャリアへつながる足がかりを模索する必要に駆られる。そうした現実が目の前にあるとき、アイドルシーンが抱えている価値観を問い直すよりも先に順応することを選び、コードを内面化していくことは一人の人間がキャリアを歩む際に対峙するリアリティとして想像にかたくない。

であればこそ、本章前半にみた橋本のさりげない振る舞いや、前章のドキュメンタリーにみる乃木坂46メンバーたちのためらいは、アイドルシーンのコードに「順応する」ことに対する留保の姿勢として興味深い。あるいは高橋が、「競争の世界」「男性的な原理」から乖離していく可能性として乃木坂46に言及したことも、このグループが暗黙のうちに示すアティテュードのありように呼応している。このような静かな価値観の提示は、のちに記すように現行アイドルシーンの中心的存在から投げかけられているからこそ意義深いものとなる。

3 「異端」が照らすもの

いま一度、橋本奈々未という存在を介して、「卒業」にまつわる論点に戻ろう。深川麻衣が卒業した際と同様、橋本自身もまた、在籍中最後に参加したシングル『サヨナラの意味』では表題曲のセンターポジションを任され、CDに付属するDVDには橋本の卒業をテーマにしたドキュメンタリー「サヨナラの意味」（監督：熊坂出）が収録された。先にふれた、シングル『ハルジオンが咲く頃』収録の、深川の卒業をテーマにしたドキュメンタリー「永遠はないから」は、深川自身へのロングインタビューを通して、活動履歴や生い立ちをパーソナルに追うものだった。その筆致は抑制的ながらも、旅立つメンバーをフィーチャーしたドキュメンタリーとしてはオーソドックスなスタイルの作品といえる。

それに対し、『サヨナラの意味』に収められた橋本のドキュメンタリーは、やや据わりの悪い空気感をまとった、不思議なバランスを有している。ドキュメンタリー「サヨナラの意味」は表題曲のMV撮影の様子を収めた映像に、橋本以外のメンバーたちが撮影時のエピソードを語るインタビューを挿入する構成で進行する。やがてインタビューの内容は、MV撮影時のエピソードから橋本卒業の話題へとシフトしていくが、次々に現れていく語り手のなかに、橋本自身の姿はない。生田絵梨花、桜井玲香、白石麻衣、高山一実、松村沙友理といった橋本と同期の乃木坂46メンバーたちの語りが、橋本のパーソナリティの断片をなぞって埋めていくのみである。

もっとも、それらのインタビューに先立って、橋本自身はメンバー一人ひとりに向けてメッセージ動画を収録している。しかし、その映像は直接的にドキュメンタリーのなかに現れることはない。

各メンバーが当該のメッセージ動画をスマートフォンで確認しながらリアクションしてみせる場面こそあるが、そこに映っているであろう橋本の姿や言葉が、ＤＶＤの視聴者に直接示されることはない。そして、橋本本人へのインタビューは最後までこの作品中に登場することなく、ドキュメンタリーは終了する。

大会場で華やかな演出とともにおこなわれた橋本の卒業コンサートと対照的に、このドキュメンタリーはアイドルとしての橋本のハイライトをちりばめるのではなく、人生のある過程を終えようとする者の背中を、いささかぎこちなく後ろから眺めるような趣になっている。その後味は、乃木坂46の活動終了と同時に芸能からも身を引いて表舞台の人ではなくなった橋本の去り際や、そもそも彼女が有していた「アイドル」のコードへの距離感に似つかわしいとはいえるかもしれない。

しかし、重要なのは彼女が現在、表舞台に立っているかどうかそれ自体ではない。本章序盤でふれたように、橋本の振る舞いは、人生のうちの「アイドル」である時期にことさらスポットライトを当てたり特別扱いしたりすることの対極にあるものだった。それは、人生のうちのどの過程に立っていようとその生は等しく価値をもつこと、やがて彼女たちが「アイドル」としての日々を終えてのちも変わらず地続きの生を生きていくという、本来ごく当たり前のはずのライフコース観を照らし出す。

グループアイドルの活況が生まれた二〇一〇年代は、「アイドル」として活動する者の総数が爆発的に増大した時代でもあった。それは必然的に、規模の差こそあれ若年期のある時期にスポットライトを浴びる立場として過ごしたのち、「アイドル」以後の人生を生きていく人々の数がますます増えていくことを意味する。「かつてアイドルだった人生」が、相対的に珍しいものでなくなるからこそ、「アイドル」以後の生とアイドル期とを等価値で地続きなものとしてまなざすような橋本の姿勢がもたらすものは大きい。

橋本のスタンスや言動はしばしば、アイドルシーンのなかにあって「異端」なものとして語られ、その異質さが彼女特有の魅力として受け止められてきた。けれども、彼女が示してきたのはきわめて地に足のついた、一個人としてのライフコースへの視点であったはずだ。そうした橋本の存在が異質なものに映るとすれば、それは翻ってアイドルシーンというものの特異性を浮かび上がらせる。いうなれば、「異端」のアイドルとしての橋本奈々未は、アイドルというジャンルがもつ、異様さやいびつさを含み込んだ特有の慣習を照射する存在でもあった。

他方で、アイドルシーン特有のコードに対してあからさまな戸惑いや葛藤をみせながらも、なおアイドル界にとっての異端としてではなく、むしろメジャーグループの象徴的立場を引き受け、アイドルたることの限界と可能性との両面を、独特のスタイルで示した人物がいる。次章はその人物にクローズアップしながら、アイドルとは何を上演しうる存在であるのかを捉えたい。

第7章

「アイドル」の可能性、「アイドル」の限界

1　抑圧とエンパワーメントの間

自己表現のフィールド

乃木坂46のドキュメンタリー映画や橋本奈々未の振る舞いをみることで捉えてきたのは、乃木坂46の「戦場」への違和感とでもいうべき基調である。それはまた、女性アイドルというジャンルがもつ慣習の特有さないしはいびつさを浮かび上がらせるものでもあった。いずれにせよ、これらはまず乃木坂46と「公式ライバル」たるＡＫＢ48との差異にこそ着目するものだった。

しかしまた乃木坂46は、ＡＫＢ48が整備したグループアイドルとしてのエンターテインメントの形式を多分に踏襲するグループでもある。もとより、二〇一〇年代にＡＫＢ48がアイドルシーンで舗装してきたフィールドは、多くのグループにとって共通の基盤になっている。本章ではまず、ＡＫＢ48グループのメンバーによる実践を手がかりにしながら、ＡＫＢ48が旗手となって切り開いたフィールドの一側面を確認する。そして、そうした独特のフィールドであるアイドルシーンに対峙する者としての乃木坂46メンバーを捉えたい。

すでに述べたように、ＡＫＢ48は「現場」やＳＮＳを通じたアウトプットと、テレビや雑誌、広告などの既存マスメディアへの露出との両輪によって、二〇一〇年代に「国民的」と称される存在になった。このとき従来型のマスメディアに対して強いプレゼンスを保っていることと、SNSなどが標準装備になったメディア環境でのメンバー個々人の発信とは、グループの隆盛にとって不可分なものだった。そのようにして生まれた回路を通じて受け手に提供されているのは、アイドルたちのパーソナリティを媒介にした、さまざまな位相のアトラクション群である。そしてまた、実践者であるアイドルたち個々人にとってこの回路は、いくつものベクトルに開かれた自己表現や自己承認のためのアウトプットの場としてあった。

重要なのは、ここでメンバーたちがおこなうアウトプットは、必ずしも歌唱やダンスといった音楽活動に紐づいた実践でなくてもいいということだ。もちろんAKB48は形式上、「音楽グループ」として世の中に位置づけられている。こうした位置づけは従来のカテゴライズを踏まえれば自然なことではあり、AKB48自身もまた楽曲リリースとライブを基本的な活動とし、楽曲のセールスランキングや大型音楽番組への出演、音楽関連のアワードなど、既存のポピュラー音楽の指標や慣習を活用して己をPRしている。そのように「音楽グループ」というカテゴリーに身を置いていることの必然として、AKB48への懐疑的・批判的な言及はたびたび楽曲パフォーマンスに関する論点へと収斂してきた。

とはいえ、その実質的なエンターテインメントとしての総体を捉えるならば、「音楽グループ」という立ち位置にだけこだわっていても、AKB48グループという組織の性格も可能性もつかめない。巨大な知名度をもつ音楽グループとしての活動や体裁はなお重要なものでありながらも、第1

章で論じたように彼女たちは日々さまざまな位相でアイコンを上演し続ける役割を担う。その性質を軽んじたまま、アイドルという職能を評することは難しい。

そしてまた、実践者個々人のキャリアというレベルでいえば、AKB48はメンバーそれぞれの自己表現のあり方を模索するための場として、アイドルというジャンルを整備してきた。次項にみるような例からは、所属者たちにとってAKB48がセルフプロデュースの発露やそれに紐づいたキャリア開拓を模索するためのフィールドとしてあること、そしてそのなかで彼女たちがおこなう活動が、メンバー自身やファンたちにとっての重要な文化実践であることがうかがえる。

エンパワーメントの契機

二〇一六年二月、NMB48に所属する吉田朱里は、動画共有サービス「YouTube」に自身の公式チャンネルを開設した。吉田はこのアカウントで自ら撮影・編集した動画を頻繁にアップロードし、かねてから得意分野にしていたメイクやヘアアレンジといった、美容関連のノウハウを発信するようになった。やがて、美容テクニックに関心や親和性の高いファンを中心に支持が拡大することで、吉田は存在感を増していく。

メイクやヘアアレンジのテクニックの配信は近年、有名無名を問わず「YouTube」で個人のチャンネルをもち動画配信をする人々（YouTuber）にしばしばみられる自己表現のスタイルである。もちろん吉田の場合、「YouTube」での発信を開始する時点でNMB48に所属していること自体が、大きな周知効果を生むアドバンテージになる。同時に、吉田個人が発信者として支持を集めていくことは、さまざまなプレイヤーによる多様なエンターテインメント組織としてＡＫＢ48グループをプレゼンテーションすることに直結する。個人としてのアウトプットと、日本随一の規模を誇るエンターテインメント集団であるＡＫＢ48グループ由来の知名度や文脈との結合は、ここで好循環を生んでいる。

吉田は自らの得意分野を特徴づけるように、「女子力」というキーワードを意識的に用いながら、ＡＫＢ48グループのなかで独特のアイデンティティを確立するようになる。ときにステレオタイプな女性性のイメージを再生産するものとして、その用法が疑問視されもする「女子力」という論争的なワードを、吉田はむしろ屈託なく選び取ってポジティブに意味づけし、自らの主体的な発信のエッセンスにしてみせた。吉田はまた、併用している「Twitter」や「Instagram」といったＳＮＳでも発信を続けながら新たな支持層を拡大し、一つのスタイルを表現する先導者になっていった。同時に、ＡＫＢ48グループがもつ有名性とも結び合いながら、モデル活動など芸能者としての足場を築いていく。

そしてこのアウトプットは、所属組織での彼女自身の立ち位置をも劇的に変えていく。吉田は「YouTube」公式チャンネルの開設から一年半後、二〇一七年のＡＫＢ48「選抜総選挙」で十六位を獲得、翌一八年の選抜総選挙でも十四位に入る。選抜総選挙というイベントでの十六位以内獲得は、ＡＫＢ48名義のシングル表題曲の歌唱メンバーに選ばれることを意味する。一六年までの三年間で吉田が六十位以内を獲得したことはなく、過去最高位も五十位だったことを考えれば、「YouTube」などでの継続的な発信が躍進の原動力になったといえる。

吉田がこのようなルートを開拓できるのは、ＡＫＢ48グループというフィールドでは「何を手段にして己を世に問うか」がきわめて広く設定されているためである。メンバーそれぞれがよりどころにするのは、たとえば歌唱やダンスの技巧でもいいしい集団内のリーダーシップでもよく、あるいは雑誌などでのモデル活動やテレビ番組でのアピール力、トークスキル、また握手会など対面型イベントでの立ち振る舞いでもいい。吉田のように、当人がコントロールするインターネット上の個人アカウントをツールにすることもできる（もっともこの点に関しては、ＳＮＳによる発信が比較的統制されている乃木坂46よりも、自由度が高く設計されているＡＫＢ48グループゆえに見いだしやすい道だったとはいえるだろう）。そして、それらの成果を元手に、日本有数のエンターテインメント集団の中枢にアクセスする道を開くことができる。このフィールドで発信方法を探り当てた吉田の姿は、グループアイドルという回路を個人のオリジナルなキャリアに接続させるモデルケースとして、ひとつの理想像といえる。その軌跡は、彼女を慕うファンたちにとって確かにエンパワーメントになってきた。

選別のエンターテインメント化

ただし、すぐさま言い添えておけば、ＡＫＢ48についてエンパワーメントという言葉を素直に用いることには、どうにも据わりの悪さがつきまとう。それは、AKB48に象徴される女性グループアイドルというジャンルが、実践者であるアイドルたち自身の人格に強い負荷をかけるものとしての側面をみせてきたためだ。

現行の女性アイドルシーンに参加することは、当人がもっている特定のスキルや適性を差し出すばかりでなく、その人格全体を消費の場に投じることにほかならない。もちろん、ジャンルを問わずある程度の有名性を前提とする職能であれば、ある専門的な技能にとどまらず人格までもが人目にさらされることは不可避である。ただし、今日の女性アイドルに特徴的なのは、あらかじめ当人たちのパーソナリティが不可欠の消費対象としてコンテンツの本体に埋め込まれているということだ。また、そのような人格の消費のうちに、すでにみたようなエイジズムや準ルール化した「恋愛禁止」の風潮などに象徴される、社会全体が抱えてきた旧来的な慣習が温存され、アイドルたちの振る舞いを制御する規範として機能する。現行のアイドルシーンという自由度の高い「戦場」に参入するためには、自由さとは真逆の印象を与えるそれらの慣習に向き合わなければならない。

そして、吉田朱里の躍進を最も客観的に観測しやすい指標として「選抜総選挙」があったように、本書で論じているAKB48や乃木坂46といった多人数グループについていえば、彼女たちには常に選別のプロセスがつきまとう。もちろん、芸能に限らず何かのプロフェッショナルを志す者たちが、さまざまにジャッジされ選別されることそのものは珍しいわけではない。その過程で誰が選出され淘汰されたのか、可視化されることもまたよくある光景だろう。

しかし、こと女性アイドルシーンについて着目すべきは、彼女たちを選別し序列化するそのプロセスが、半ばエンターテインメントの印象を決定づけるほどに巨大な呼び物になってきたことだ。AKB48グループの選抜総選挙は、二〇一〇年代を通じて恒例イベントとして繰り返され、アイドルに関するトピックのなかでも社会の耳目を大きく集めていた。よく知られるように、このイベントはシングル表題曲のセンターポジションをはじめとしたメンバー配列を、ファン投票に基づいた順位づけによって決めるものだ。例年、多くのマスメディアがこのイベントで決められた順位、とりわけセンターを務める第一位の行方をこぞって大々的に報じてきたように、AKB48グループのセンターポジションは競争的に勝ち取るものとして世の中に周知される。

もともとこのイベントは、選抜メンバーがグループ運営側の一存で決められることについてファンから異論が起こることに対して、「民意」を反映させて応答してみせる機能をもっていた。いわばイレギュラーな企画でもあったこの手法はやがて恒例となり、世の中から注目を浴びるようになる。同時に、ファン投票を根拠にした序列化は、AKB48グループの代表的な特徴のひとつとして定着していく。グループ内の配置決めという、本来ならば内輪の論理でおこなわれるイベントを祝祭として拡大し、社会を巻き込みながらグループのプレゼンスを拡大する営みは、AKB48の特徴であり強みになった。

他方、序列争いの根拠が明確になることで、投票行動（≒購買行動）を軸にした選別過程そのものもまたエンターテインメントとして存在感を増していく。当事者であるAKB48グループのメンバーたちは、あるいは自らをアピールする場としてこの序列争いに積極的な意義を見いだし、あるいはこのイベントにためらいや疑念を表明し、「戦場」にどのようなスタンスで臨んでいるかをそれぞれに表明する。それら彼女たちがみせる総選挙へのさまざまなスタンスそれ自体をも物語のパーツとして含み込みながら、選別のエンターテインメント化は歴史を重ねた。

ＡＫＢ48が二〇一〇年代前半に女性アイドルというジャンルにおける「体制」になったことで、選抜総選挙に代表される「戦場」としてのイメージは、人々がアイドルグループについて漠然と想起する際の代表的な特性のひとつになった。ここで踏まえるべきは、この選別のエンターテインメントと、先に述べた彼女たちの自己表現やエンパワーメントの契機とが、この「戦場」で絡まりながら同居しているということだ。

彼女たちが立つ「戦場」は、前述のような抑圧的な振る舞いの規範を保持しながら選別のエンターテインメントとしてあり続け、一方で実践者であるアイドルたちはこの「戦場」を自由度の高い自己表現のフィールドとして読み替え、活用するすべを見いだそうとする。たとえば吉田の選抜総選挙での躍進が意義をもったのは、総選挙というイベントの結果を内輪の序列づけに回収するのではなく、吉田自身が継続してきた文化実践の結果、新たなファン層を獲得したことの象徴として昇華することができたためだ。高い有名性をもつグループの一員としての肩書を背負いながら、自由度が高いフィールドで彼女たちがそれぞれにおこなう実践の意義やその成果は等閑視されるべきではない。

ただし同時に、そのような主体的な実践の契機であるこのフィールドは、どこまでも彼女たちを選別・序列化することを本体としたエンターテインメントと背中合わせである。選抜総選挙は二〇一〇年代の大きなメディアイベントとして存在し続けたと同時に、しばしば少なからぬ人々に忌避感を呼び起こして批判の対象ともなってきたが、これはその選別や序列化が、女性をルッキズムやエイジズムに基づく選別の客体としてきた、社会全体が抱える旧弊の似姿を思わせるためだった。彼女たちがさまざまに自身の適性を探り当てて世の中に訴求していくための懐の大きさを確かに有しながら、この「戦場」はそのような抑圧的な価値観を再生産するものでもあった。また、彼女たちの能動的な実践に対してファンが支持や愛着を表現するための回路として、このメディアイベントへの投票が設けられていることで、メンバー個々人への支持や応援は彼女たちを選別のエンターテインメントへと引き続き没入させる効果を併せ持つことになる。選別のプロセスの可視化が分かちがたく結び付いた多人数アイドルグループを捉えようとするとき、このジャンルそのものを否定するにせよ、あるいはそのフィールドになお希望を見いだそうとするにせよ、こうした複雑さへの目配りは不可欠である。

すでに概観してきたドキュメンタリー映画などで、乃木坂46のメンバーたちがためらいを隠さずに異界としてまなざしたのは、まさにこうした「戦場」であった。ただしまた、その選別のエンターテインメントはほかならぬ乃木坂46自身もまた背負い込んでいるものだ。

2　競争者という役割

根拠なきセンター

このような選別のエンターテインメントに際して、ためらいや恐怖をあからさまに表明しながら、しかしまた同時に乃木坂46のなかで誰よりも「戦場」にコミットしたメンバーがいた。ここではその人物がアイドルシーンと対峙するときに口にしてきた感慨を手がかりにしながら、乃木坂46の立ち位置を探っていく。

生駒里奈は、二〇一二年二月の乃木坂46デビューから五作品連続で、シングル表題曲のセンターポジションを担った主軸メンバーである。グループ草創期のセンターを務めることの難しさはまず、まだスポットライトの下に立つ根拠を何ひとつもたないうちに、一大プロジェクトの顔として「選別」され、立ち回らなければならないことにある。しかも、乃木坂46が背負っていたのは「AKB48の公式ライバル」という、当代のポピュラーカルチャーのなかでも屈指の巨大組織の対抗馬という大看板だった。

グループのなかで誰よりも特権的な地位に立つ者として選別され、「戦場」に足を踏み入れた草創期を、生駒は次のように振り返る。

——「AKB48の公式ライバル」ということについては、恵まれているとも言える一方で、相当なプレッシャーもあると思います。

生駒　自分たちがすごく恵まれているなというのはわかっているんですけど、逆に、最初からとても大きなステージが用意されているのに、そのステージに見合う能力が備わっていない、なにもできない、なにもわからない、でも目の前にはやらなくてはならないことが山積みで。ただ焦ることしかできなかったし、やってみたところでなにが正しいのか、なにが間違っているのかもわからず、とにかく必死になるしかない。デビューしてからはずっとそういう状況でした。

（略）

——センターにいることは、こわかったですか？

生駒　こわかった……ですね。

——少しずつステップアップした結果ではなく、いきなりだったこともあり。

生駒　まさにそうなんです。その前に努力したりがんばったりして、やっと摑み取った達成感があればもっと違っていたかもしれませんが、アイドルグループのセンターって、普通に考えたら憧れの場所なのに、わたしにとってのセンターはこわい場所でした。

（「パピルス」vol.61、幻冬舎、二〇一五年）

これといった活動実績がない者たちが、シングルリリース即日で百万枚のCDセールスを記録するグループの「ライバル」に位置づけられる。とりわけ、センターという神輿に据えられた彼女にとって、「普通に考えたら憧れの場所」を素直に堪能する余裕はなかった。

選ばれることの両義性

繰り返すように、センターに選ばれることは紛うことなき「選別」の対象となることである。乃木坂46は数カ月に一度ほどのサイクルで新しいタイトルをリリースする。そのたびに表題曲を歌唱する「選抜メンバー」が選出され、そのなかで誰がグループのシンボルたる「センター」であるかが明示される。「戦場」にどれだけ違和感を示していても、ルーティンとしてエンターテインメント化された選別が繰り返される構造を背負うことに変わりはない。

デビューから五作品、およそ一年半の期間にわたって乃木坂46唯一のセンターであり続けた生駒は、自身が初めてセンターを外れてから一年後、以下のように吐露する。

――以前、「乃木坂に入ってから、アイドルは大変だと知った」と仰っていましたね。具体的に、どういうところが大変だと思いましたか?

生駒里奈(以下、生駒) いろいろありますけど、やっぱりシングルを歌う選抜メンバーの発表のときは辛いですね。外から見ると、「どうしてあんなことでみんな泣いているのか」「なんでセンターに選ばれて辛い思いをしているのか」とか、わからないと思うんです。

――生駒さんはセンターを任されて辛かったですか？

生駒　そうですね……。センターになると、それを喜んでくれるファンと、「なんで生駒なんだ」って批判する人、真っ二つの意見が同時に出てくるんです。この世の真逆のものが、うちにガーンとぶつかってくる感じ。確かに、他のメンバーを推してるファンの方にとっては、私がいることでセンターの座が奪われちゃうわけですから、それは喜べないですよね。

――なるほど。

生駒　そういう批判にさらされると、「わぁあああ」って逃げ出したくなっちゃうわけです(笑)。だから、センターだった頃は「うちはセンターでいちゃいけない人なのに、なんでセンターをやってるんだ」っていう思いが常にありました。ずっとクヨクヨしてましたね。

――センターを務めている一年半で、精神的に強くなれましたか？

生駒　うーん、あんまり強くなれなかった気がする……。いつも「うちがこんなところに立っていてごめんなさい」っていう気持ちを忘れるために、自分は二の次にして、乃木坂というグループを押し上げることだけを考えていました。

(「センターはなぜ〝辛い〟のか？」「イマ輝いているひと、生駒里奈「10代の女の子が見た〝アイドル〟の世界」」「cakes」)

ここには選別プロセスが消費されるコンテンツになることにまつわる葛藤が示されているが、選抜メンバー発表をめぐるこうした感慨は、ひとり彼女だけのものではない。乃木坂46の地上波テレビの冠番組『乃木坂って、どこ?』と後継番組の『乃木坂工事中』(ともにテレビ東京系)では、シングルCD発売に先駆けて放送内で次作シングルの選抜メンバーを定期的に発表する。これらの放送回でたびたびうかがえるのは、表題曲の歌唱メンバーやセンターポジションに選ばれたメンバーたちがみせる、喜びよりも戸惑いや憔悴に近い反応である。先の引用で生駒が、「外から見ると、「どうしてあんなことでみんな泣いているのか」「なんでセンターに選ばれて辛い思いをしているのか」とか、わからないと思うんです」という説明をしているのは、メンバーたちのそうした受け止め方や見え方を踏まえたものだ。選ばれたことを単純な喜びとして消化しえないこうした態度は、乃木坂46の社会におけるプレゼンスがかつてなく高まったのちも、冠番組の選抜メンバー発表時に確認できる。アイドルシーンにとってもはやごく基礎的な特徴になった競争的な枠組みに対する違和感を、生駒は、また乃木坂46はきわめて率直に保ち続けてきたともいえる。

さらにこの引用からは、象徴的なポジションに選別されることが、負のまなざしを何重にも引き受ける契機でもあることがわかる。前提として、アイドルとは高い有名性を手にして多くのファンに承認されればされるほど、同時に自身の価値に対して疑義が向けられていく両義的な存在である。あるときにはその「実力」に疑問符が付され、またあるときには大資本の商業主義が糾弾される際の格好の対象になる。そうした、アイドルという職能の理解されにくさについては本書でもすでにふれてきた。ＡＫＢ48が先導したアイドルシーンの活況は、アイドルというエンターテインメントの可能性を広げ、それらステレオタイプな視線をある一面では解消することにも寄与した。しかし同時に、アイドルグループが社会を席巻するほどに、アイドルというジャンルに向けられるステレオタイプなイメージや疑念の声は大きくもなる。「アイドル」とみなされる存在がメディアに登場するとき、そうしたポジティブ・ネガティブ双方の視線が否応なく、数限りなく向けられる。グループのセンターポジションに置かれた人物は、常にその矢面に立つことになる。

　先の生駒の言からみえてくるのは、センターが引き受けるのがそうした「世間」からの声だけではないということだ。「センターになると、それを喜んでくれるファンと、「なんで生駒なんだ」って批判する人、真っ二つの意見が同時に出てくるんです」という生駒の言葉が想定するのは、そもそもアイドルに好意をもたない「世間」ではなく、本来はアイドルに対して好意的なはずの層、すなわちあらかじめファンである人々の反応である。ここに、競争的な原理を不可分にはらむエンターテインメントの困難がある。さまざまな文脈をもったメンバーたちの群像劇が楽しまれることは、グループアイドルというエンターテインメントの重要な特徴である。そしてその群像劇を活性化させる一大要素として、楽曲披露の際のメンバーのポジション配置がある。象徴的なポジションに誰かが選ばれるとき、他の多くのメンバーはそこに「選ばれない」。それだけに、象徴的なポジションに立つメンバーへのファンの視線もまた、賛否や愛憎が入り交じったものになる。

グループの中心に立つことは、一般的には晴れがましいこととして表象される。けれどもそれは、アイドルという毀誉褒貶が激しいジャンルを代表して矢面に立つこと、および競争原理の当事者としての大きな負荷を引き受けることと不可分である。引用した生駒の言葉には、「戦場」に対する率直な怖れが先立っている。

あるいは、本書前半からのキーワードとして論じてきた「演じる」という点にフォーカスするならば、乃木坂46は主としてフィクションの水準に収斂して「演じる」姿をみせながら、アイドルというジャンルの可能性を開いてきたグループだった。しかし他方で、AKB48グループがその下地を整備した「戦場」で、乃木坂46は競争者として自らの人格を投じていくというロールを演じることを必ずしも得意としてこなかったグループでもある。その現れが、「戦場」に対して彼女たちがみせてきたためらいであり、先の生駒の言葉だった。その意味では乃木坂46は、女性アイドルシーンが二〇一〇年代に確立した代表的な価値観を体現するグループではないともいいうるだろう。

ただし、そうした競争的な原理へのためらいはそのまま、今日のアイドルシーンが帯びている規範に黙従するのではない道を示す、一つの問いかけとして機能する。

3 乃木坂46が示す価値観

「正しい」アイドル像

「戦場」に対して消極的にみえるスタンスはしかし、アイドルグループというフォーマットそのものを否定するものではない。生駒里奈あるいは乃木坂46は、アイドルグループとしての実績や知名度を積み重ねるにつれて、「戦場」に素朴に順応するのではない仕方によって、自らのスタンスをアップデートしてきたようにみえる。

先に引用した、生駒が草創期のセンター経験を語ったインタビューは、生駒が二年ぶりにセンターポジションに選出された二〇一五年におこなわれたものだ。彼女は同インタビュー内で、乃木坂46メンバーが「選別されること」に対して提示する一見ネガティブな反応について、さらに一歩引いた視点から言語化してみせる。

生駒　これもほかのアイドルグループと違うところですけど、乃木坂46のメンバーは、どっちかっていうとセンターになりたくないって考えている子も多いんですよ。今のアイドルグループの傾向としては、一生懸命みんながセンターを目指すっていうのが主流で、さらに、それこそが正しいアイドル像みたいに思われているところもあって。でもわたしは「本当にそれだけが正しいアイドルなのかな」って疑問に思うところもあるんです。だから乃木坂46は、自分の良いところや好きなところを伸ばすようにがんばるのはもちろん、同時に自分の苦手なことや嫌なところにも向き合っている。そういうアイドルがいてもいいのかなって思います。

――「人には得意不得意がある」ということを、インタビューなどではたびたび発言していますよね。

生駒　だって世の中はそうやってバランスが保たれているじゃないですか。ただアイドルはちょっと特殊で、得意なものが他人とちょっと違うだけでも大きな武器になるから、そこは自分なりに磨いていきながら、陰で不得意なところもできるだけ直していくのがいいのかなって思います。

（前掲「パピルス」vol.61）

「一生懸命みんながセンターを目指す」ことがスタンダードとなる世界では、ある単一のヒエラルキーによって組織が統率されていく。このヒエラルキーが群像劇の駆動因になっているとすれば、競争的な空気に対して素直に順応することは、生駒が慎重に語るようにアイドルとしては一見「正しい」。

けれども、絶えざる競争そのもののコンテンツ化は、常に個々人を同一のベクトル上に位置づけ、本来グループアイドルというフィールドがもちうるはずの自由度の高さや、そこでおこないうる文化実践についての想像の範囲を限定してしまう。生駒の問いかけは、現行のアイドルシーンが総体的に帯びている支配的な価値観そのものを俯瞰してみせるものだ。草創期には怖れとともに対峙していたセンターを中心とするヒエラルキー構造について、この語りの時点では生駒は「主流」の価値観を相対化しながら新たな視野を示している。そして、グループが実績を重ね自信をつけていくにつれて、そうしたビジョンはより明確に、生駒や乃木坂46特有の基調となるものへと進化していく。

多人数グループの意義

全員がセンターを目指すようなアイドルの「主流」なイメージに対して、生駒は「本当にそれだけが正しいアイドルなのかな」と相対化してみせた。しかしこの問いかけは、メンバー個々人がアイドルとして高みを望むことの拒否ではない。先のインタビューからおよそ半年後、当時の乃木坂46のキャプテン桜井玲香とともに二〇一五年の活動を振り返る対談のなかで生駒が示したグループ観はむしろ、今日のアイドルが目指すありようとして普遍的なバランスを示している。

――「どこにも負けない日本一のグループになる」というビジョンは、メンバーのみなさんで共有しているんですか？

生駒　いや、共有はしなくていいんじゃないですかね。こういうグループにいられることは誇りだし、近くにすごいコたちがいるから闘争心もわいてくるし、自分も負けないように頑張らなきゃ！って思うけど、みんなの心に火つくかどうかはまた別じゃないですか。
桜井　いろんな考え方があるし。
生駒　ふだんから全員で心をひとつに頑張るなんて無理なんですよ。
桜井　無理だね（笑）。
生駒　人間だもの。
桜井　キャプテンが言うと問題があるのかもしれないけど、まとまらなくてもいいんですよ。
生駒　まとまるときはまとまる。まとまらないときは個々で頑張るみたいな。ずっと縛ってもよくないし。そのコが本気で頑張ってやったことが、そのコの結果になるんだったらそれでいいんじゃないかって。
――乃木坂46をホームにしていろんなところに戦いに行く、そういうプロ集団みたいなこと？
生駒　自分の強みを見つけて、外できちんと結果として残すことがグループに戻ったときに強みになるんじゃないかな。それは、きっとみんなもできることだと思うので。それだけでも十分だと思うんです。

（前掲「BRODY」二〇一六年二月号）

もちろん、ここでも一貫してみられるのは、「アイドル」としてヒエラルキーの頂点をことさらに目指すわけでもなく、そもそも同一のベクトルへ向かうことをメンバー総員に求めようとしない視点である。二〇一〇年代前半にさまざまな規模のアイドルグループが生まれ、またＡＫＢ48グループの選抜総選挙が個々人のフィールドであるだけでなく、各地域を背負った姉妹グループ単位による対抗の様相を帯びていったことなどを考えれば、生駒の言は、グループに競争的な意匠を織り込むことに対して距離をとっているようにみえる。その意味で、一〇年代に定着したある価値観を問い返すものであるとはいえるだろう。

けれども、ＡＫＢ48グループが旗手になって築いてきた多人数グループの存在意義は、ジャンル内の競争原理ばかりではない。たびたび言及しているように、現行の多人数アイドルグループに所属することは、基本的にメンバー個々人がその後の進路を模索するためのプロセスとしてある。アイドルがさまざまな水準で日々アイコンを上演し続ける職能であるからこそ、その訴求力を武器にして他ジャンルの専門性へとアプローチし、その先のキャリアを模索する機会を得ることができる。これはグループ単位で体現する群像劇自体がエンターテインメントとしてどれほど巨大になろうとも、一貫して変わらない大原則である。その意味で、生駒や桜井の言葉は、組織と個人活動とのバランスにおいて、やはりＡＫＢ48が牽引し開拓してきた道を踏襲するものだ。

そのうえで、「自分の強みを見つけて、外できちんと結果として残すことがグループに戻ったときに強みになるんじゃないか」という生駒の言葉が説得力をもつのは、乃木坂46が二〇一〇年代後半、メンバー個々人の外部活動に関して最も順調な成果を出したグループだからでもある。生駒と桜井の対談で回顧されていた一五年は、乃木坂46メンバーが各分野でソロとしてキャリアを積んで頭角を現していく端緒となる機会がいくつも重なった年だった。ファッション方面の個人活動についていえば、デビューの一二年からグループ内では白石麻衣が先頭に立って開拓してきたが、それを追って橋本奈々未や松村沙友理、西野七瀬、齋藤飛鳥、北野日奈子らが相次いでファッション誌のレギュラーモデルになっていくのが一五年である。舞台演劇では、すでに詳述したように乃木坂46の演劇志向にとって画期となる『すべての犬は天国へ行く』を上演し、また生田絵梨花は赤坂ACTシアターのミュージカル『リボンの騎士』（原作：手塚治虫、演出・振付：上島雪夫、脚本：浅井さやか）に主演し、こののち大劇場ミュージカルの常連キャストとしてグループの先駆的存在になっていく。

『すべての犬は天国へ行く』に関連して第3章で引用した今野義雄のインタビューは、まさにこの二〇一五年の活動総体を振り返るものだったが、「どこの誰よりも多く、山のような種類の仕事をして、そのたびにものすごく努力をしているけれど、どこに行っても、「どうせアイドルだから本気じゃないんでしょ」と低く見られる。それが悔しいから、その専門職の人たちにどれだけ迫れるのかという戦いを、それぞれの各ジャンルでやってるんですよね」という語りには、今野自身の矜持と同時に、各ジャンルに乃木坂46メンバーを浸透させていくことへの自覚が見て取れる。同じインタビューのなかで、「大事なのは、単純にお飾りで起用されるのではなくて、ちゃんとその世界で主力になっていくこと」（前掲「乃木坂46運営・今野義雄氏が語る、グループの〝安定〟と〝課題〟「2016年は激動の年になる」」）と明言するように、アイドルグループの職能を他の既存ジャンルの専門性へと架橋させていく意識も、組織として明確にもっていることがうかがえる。

4 「戦場」への対峙と畏れ

生駒里奈もまた、乃木坂46の中核メンバーとしてモデルや俳優などの個人活動の実績を積んできた。とはいえ彼女は、乃木坂46を象徴するメンバーでありながらも、乃木坂46が強みとしてきたモデルや舞台演劇、映像といった各ジャンルに関して、必ずしもグループ内でのトップランナーではなかった。むしろ彼女は在籍期間を通じて、個人のキャリアを開拓するよりも、「アイドル」というジャンルのうちでおこなわれる表現にコミットしてきた人物だった。それも、乃木坂46というグループが、そして彼女自身が心理的に距離をとってきたような、あの「戦場」にこそ対峙していた。

そのことを顕著に表すのが、ＡＫＢ48との兼任活動である。二〇一四年春からおよそ一年間、生駒は「交換留学生」としてＡＫＢ48と乃木坂46の両グループに所属するかたちで活動した。この「交換留学」は、乃木坂46がＡＫＢ48グループの力学に吸収されることで実現したものだ。ＡＫＢ48グループは時折「組閣」と称し、群像劇の活性化のために姉妹グループ間でメンバーの異動や兼務などの配置転換をおこなってきた。「大組閣」と呼ばれた一四年の配置転換では、それまで「公式ライバル」として一線を引いてきた乃木坂46も異動の対象とし、乃木坂46から生駒を、ＡＫＢ48

グループからはSKE48のメンバー松井玲奈を乃木坂46に「留学」させた。

それまでAKB48的なフィールドから一定の距離を保ちながらグループのカラーを育んできた乃木坂46にあって、この交換留学、特に生駒がAKB48に足を踏み入れるという出来事は、必ずしも肯定的な反応を生まなかった。グループのスタンスやアイデンティティが揺らぐこの恣意的な「事件」に対しては、ファンからも当のメンバーたちからも動揺の声が聞かれた。そうした反応を引き受けながら「交換留学」のオファーを承諾した生駒は、兼任について以下のようなビジョンを語った。

——メンバーとはどういう話をしたんですか？

AKBさんに行きたいから行くんじゃなくて、あくまでも歌やダンスの技術を上げたいし、もっと気を引き締めてやってかなきゃいけないなと思ったから兼任するんだよ、別にみんなを裏切るために行くんじゃないんだよって。一時代を築いたAKB48というグループにうちが行って、学んできた技術を乃木坂のみんなに伝えればそれがきっと乃木坂にとってプラスになるし。うちらはグループの中に先輩がいるわけじゃないから、自分たちで道を切り開いていかなきゃいけないいんです。

——生駒さんが乃木坂のことを裏切ったと感じたメンバーはいたと思う？

いたかもしれない。乃木坂っていうものにこだわってるメンバーは多いから。正直……しばらくみんなの前に出たくなかった。怖かったし。でも今はもうみんな味方だから。
（「生駒「大組閣」を語る」、「乃木坂46「気づいたら片想い」特集」「音楽ナタリー」）

生駒の判断に際してのメンバーの動揺はおそらく、「公式ライバル」という看板を背負いながらもオリジナリティを模索していた乃木坂46が、ライバルとして設定されていたはずのＡＫＢ48にし崩しに吸収されることへの落胆や警戒の現れだっただろう。そしてまた、ここまでみてきたような乃木坂46メンバーの「戦場」への距離感を踏まえるならば、ＡＫＢ48との兼任がネガティブな反響を呼んだのは、乃木坂46の象徴たるメンバーが「戦場」の価値観にさらされることへの危惧ゆえでもある。実際、生駒は兼任を開始した二〇一四年、選別のエンターテインメントの象徴であるＡＫＢ48の選抜総選挙にもエントリーすることになった。もっとも、兼任のオファーを受けるにあたって彼女を動機づけたのは、パフォーマーとしてのよりシンプルな視野だった。

それは乃木坂が去年Ｚｅｐｐツアーをやって、このレベルでお客さんに見せたらダメだなって思い始めたのも大きくて。ライブを少しずつやるようになって改めて一人の表現者として、ライブは生ものであるのと同時に作品だと思うようになったんです。その作品をよりよいものにしたいし、そのためにダンスや歌の技術をどうしたら上げられるんだろうと考えたときに横アリでライブがあって。実は終わったあとに、お母さんに泣きながら電話したんですよ（笑）。

「このままじゃダメだ」って。自分のダメな部分にたくさん気付かされたし、そこで危機感を感じて三年目はもっとレッスンしようっていうことになったんです。これから忙しくなりそうだなって思った矢先に、兼任の話がきたから「おお！」って。

（同ウェブサイト）

そもそも常設劇場をもたずに活動してきた初期の乃木坂46は、ＡＫＢ48グループや中小規模の「現場」を無数に経験する他のアイドルグループに比べて、ライブパフォーマンスの経験値が著しく乏しかった。「現場」の時代としてあった二〇一〇年代前半のグループアイドルシーンにおいて、ライブをおこなう機会が少ないことは著しく欠落であり、ウィークポイントとして指摘されやすいものでもあった。そのため、ＡＫＢ48との兼任に際して生駒の主眼にあったのは、特有の競争的な原理に対する恐怖や違和感よりも、まずもって「アイドル」として表現する者としての力の底上げのほうだった。

生駒がアイドルシーンの中心たるＡＫＢ48に学ぼうとする姿勢は、グループの運営者サイドの視点からも跡づけることができる。先の今野のインタビューでは生駒の兼任解除の直後、乃木坂46のシングル表題曲「太陽ノック」（二〇一五年）でセンターポジションに復帰した際の生駒について、次のように表現している。

今野：この時は、ＡＫＢ48との兼任が終わった状態での生駒なんですよね。生駒自身がＡＫＢ

48という大きな場で揉まれてきて、どういう物語を背負ってくるのかということにはすごく興味がありました。けれど、兼任することで生まれる難しさもありましたね。兼任する以前の生駒とは、「笑顔」の質が変わっていたんです。

――それはAKB48に適応した笑顔になっていたということですか？

今野：AKB48で学んだ、明るく楽しい少女像という表現は彼女にとっても新鮮なものだから、これを採り入れなくてはということも生駒の中にあったと思うんです。ただ、それをそのまま乃木坂46に持ってくると浮いてしまうんですね。そのことも、生駒には何度も言いました。僕からするとある意味で、そぎ落としたかった。

（前掲「乃木坂46運営・今野義雄氏が語る、グループの〝安定〟と〝課題〟「2016年は激動の年になる」」）

兼任時の生駒の言にあったように、一時代を築いたAKB48からの学びを乃木坂46に伝導しようとする彼女の姿勢がここにはうかがえる。同時に、生駒が「留学先」で得てきた成果が流入してくることによって、いやがうえにも浮き彫りになる乃木坂46とAKB48との根本的な距離感もまた興味深い。もちろん、すでに引用してきたように、この時期の生駒は他のアイドルグループとの差異を含めて乃木坂46の特性を俯瞰的に見通し、それをグループのアイデンティティとして語りうるだけの視野を有している。さらにいえば二〇一六年、一七年と歳月を重ねるにつれて乃木坂46が女性アイドルシーンの中枢へと昇っていくに至って、「公式ライバル」というかつての大仰な看板は半ば色あせたものになっていく。乃木坂46はすでに、AKB48という先人の存在を前提にしてアイデンティティを語る必然がなくなっていた。

しかしそれでもなお、「アイドル」という表現にコミットした生駒にとってAKB48は畏怖の対象であり続ける。乃木坂46が十七枚目のシングルとしてリリースした楽曲「インフルエンサー」が第五十九回日本レコード大賞を受賞する二〇一七年、生駒はいまだ根源的な卓越性をもつ存在としてのAKB48について語る。

生駒　でも、ライバルって同等の立場で成り立つものじゃないですか。そういう意味ではAKB48と乃木坂46はライバルではなかったと思うんですよね。

――たしかにあの時はあまりにも差がありましたけど、今もそう思います?

生駒　今もそう。やっぱりAKB48はいくらメンバーが変わろうと、デカいんですよ。それにAKB48がいたから今の大人数グループが世の中に受け入れられているというのは、今後なにがあっても揺るがないし、そういう意味ではAKB48は永遠だなと思うんです。

（「BRODY」二〇一七年六月号、白夜書房）

このインタビューが実施された二〇一七年は、もはや「公式ライバル」という二つ名など意識する必要もないほどに、乃木坂46がかつてなく大きなプレゼンスを獲得したタイミングである。しかしAKB48に対する生駒の評価は、そうした世間的な知名度というレベルではなく、また公式ライバルという惹句に表面的にのって乃木坂46との単純な対比をしたわけでもなく、多人数グループアイドルの系譜におけるAKB48の機能を俯瞰した観点からなされている。生駒は同インタビュー内でさらに、「このままだと「この時代はAKB48の時代だったね」で終わるので。そこに乃木坂46の名前もあったら良いなぁってことです」(同誌)と付け加えてみせ、一〇年代のグループアイドルシーンの歴史を概観するような視野も垣間見せる。競争的な価値観とは異なる仕方でアイデンティティを育ててきたグループのシンボルとして活動しながら、しかもなお当事者として「戦場」に対峙してきた彼女はまた、このジャンルを的確に捉える冷静な観察者でもあった。

5　アイドルの「限界」

ただし、アイドルシーンを俯瞰的に把握する生駒の視野は、必ずしもこのジャンルを楽観的に肯定するものではない。今日的な「アイドル」のありように対峙してきた彼女がアイドルをやめるにあたって発信したメッセージには、「アイドルである」ことの限界に向き合うような言葉が選ばれた。

周りに尊敬できる方がたくさんいて、たくさんのことをもらったけれど、でもそれより何よりも私はうまくなりたいと思ってしまった。もっともっと険しい道を上りたいと思った。こんなに充実しているのに、すごくワガママなことだと思います。でもそれよりも私は、この世界に夢を持ってしまった。この先に続く夢をつかみたいと思ってしまった。

（「生駒里奈卒業コンサート、〝猫背の少女〟が胸を張って乃木坂を上り切る」「音楽ナタリー」）

二〇一八年初頭にグループからの卒業を発表した生駒は同年四月に日本武道館で卒業コンサートをおこなったが、その際に彼女が卒業を決めた動機として語るなかにあったのが、先に引用した一節である。

アイドルをやめるに際して、「うまくなりたい」ことが動機として語られる。これは巨大な有名性を獲得したグループの中心に立つ者の言葉であるだけに、重い意味をもつ。生駒がグループ卒業を迎えた二〇一八年当時の乃木坂46は、すでに少なからぬメンバーがモデル活動や舞台演劇などのジャンルで個人としての存在感を発揮している時期である。今野が語るところの「お飾りで起用されるのではなくて、ちゃんとその世界で主力になっていく」可能性を、アイドルグループの現役メンバーでありながらみせてきたのが、この時期の乃木坂46だった。

しかしまた、今野が「低く見られるところからスタート」せざるをえないことに自覚的であったように、「アイドル」という肩書を背負うことは、実践者がどこまでも未熟であり「本気」の活動ではないといったスティグマを絶えず押し付けられることでもある。有名性をもつアイドルの職能について本書では、複数の箇所で「アイコンを上演する」役割として説明しているが、この「アイコン」としての役回りは単一のジャンルの専業であることに比して、「一人前」の成熟した職能であるとみなされにくい。そのため、アイドルという肩書は容易に見くびりの対象として設定される。第1章冒頭に引用した橋本奈々未の経験的な語りからもうかがえるが、この強固なラベリングがついて回るなかで、アイドルの職能にポジティブなイメージを託し続けるのは容易なことではない。そうした困難は、アイドルという表現に対峙しAKB48が果たす役割に対して畏怖を表明してきた生駒里奈にとっても例外ではなかった。生駒の「うまくなりたいと思ってしまった」は、アイドルに対する社会的なラベリングが単に空疎なパブリックイメージとしてだけあるのではなく、実践者自身が日々の活動のなかで内面化していくものでもあることを示唆する。

生駒は最も中心的なプレイヤーの一人として二〇一〇年代のアイドルブームを統べる価値観に対峙し、他方で自らが所属するグループにおいてはそうした主流の価値観とは異なるビジョンを提示してきた。また同時にこのジャンルに関する明晰な語り手でもあった彼女は、グループアイドルシーンを冷静に俯瞰しその土壌を築いた存在に対して畏怖を表明しながら、実践者としてアイドルという職能を継続することへの葛藤をみせてアイドルから離れていった。本章でそのような人物を通してみてきたのは、このジャンルのうちに幾重にも重なるジレンマのありようだった。

しかしまた、「うまくなりたいと思ってしまった」という卒業の理由づけをもって、アイドルという表現に限界のみを看取するのも早計ではある。乃木坂46はその歴史のなかで、自らの可能性を開拓すると同時に、新しい種をまいてきた。その種は二〇一〇年代後半、アイドルグループによるパフォーマンスが何を上演するものであるのかをより明快に示すようなエンターテインメントとして萌芽する。そして生駒里奈もまた、その萌芽が示すインパクトを象徴的に物語る地点に立っていた。

第8章

演じ手と作品の距離

1 「アイドル」のステレオタイプ

「サイレントマジョリティー」のインパクト

「一人前」あるいは「本職」扱いされないことは、アイドルという職能が根源的に抱える困難である。さまざまな分野に越境して自らのアイコン性を活用するその職業的性質は、アイドルと呼ばれるジャンルの自由度や可能性を示すと同時に、彼女たちがなにがしかの専門家たりえないというネガティブなイメージを生み出すものでもあった。

他方でアイドルの基本的な活動、すなわち音楽を介したパフォーマンスがそもそもどのような性質の表現であるのかについても、人々の認識は一様なものではない。そのことがまた、アイドルという存在に対するネガティブなイメージを導きやすくしている。本章では、アイドルが音楽を介したパフォーマンスのなかでどのような役割を演じているのかを捉えていく。ここで着目するのは、乃木坂46の営みのなかでその種がまかれ、世に出ると同時に急激に耳目を集めたグループの事例である。

二〇一六年春のアイドルシーンを席巻したのは、欅坂46のデビューシングル曲「サイレントマジョリティー」だった。欅坂46というグループの構想は、一五年二月の「乃木坂46 3rd YEAR

BIRTHDAY LIVE」で発表された、乃木坂46の「新プロジェクト」一期生募集を原型としている。その後、オーディションを通じてメンバーを決定、プロジェクト準備段階では「鳥居坂46」とされていた仮称が欅坂46に改められ、一六年四月六日にシングル『サイレントマジョリティー』でデビューした。

『サイレントマジョリティー』は発売初週に二十六万千五百八十枚の売り上げを記録するが、ソフト販売数以上にこの作品を物語るのは、発売前の三月十五日から「YouTube」で公開されていたミュージックビデオの急速な伝播だった。乃木坂46「制服のマネキン」なども手がける池田一真が監督したこの映像は、楽曲リリースから一カ月後の二〇一六年五月に再生回数一千万回、七月には二千万回を突破し、既存の乃木坂46やAKB48グループのファンの垣根を超えて、この年の日本のポップミュージックで最も注目されたミュージックビデオのひとつになった。

「サイレントマジョリティー」のミュージックビデオがみせつけたのは、ある作品を生み出すために結集させられたいくつもの要素――楽曲や詞の世界観から振付、衣装、ロケーション、演出など――が、互いに統一感をもってひとつの基調を生み出すことの強さだった。

この楽曲は、体制に黙従する人々の姿とそれを打破しようとする若者の意志とを対照させた物語を描いているが、アイドルの身体表現に着目するならば、とりわけTAKAHIRO（上野隆博）による振付が強い印象を残す。「サイレントマジョリティー」では欅坂46メンバーの身体を通じて、人々が統率される不気味さや不穏さが描出される一方、それとは一転して意志をもって躍動する個々人の姿もまたパフォーマンスされていく。二十人を数える欅坂46メンバーのボリューム感を効果的に用いながら、聞き分けのいい「サイレントマジョリティー」たちとそこに疑義を突き付けるレジスタンスとの双方を活写させるTAKAHIROのディレクションは、いくぶんミュージカル的な装いさえ帯びている。また、尾内貴美香による同曲のコスチュームは軍服調のエッセンスを強く採り入れたデザインになっているが、この衣装は統率される者たちとレジスタンスたち双方の表現に対してきわめて好相性をみせ、ビジュアル面の有効なアクセントになった。

あるいはまた、渋谷にロケーションをとったこのミュージックビデオでは、当時再開発中だった東急東横線渋谷駅前の工事現場内部で撮影をおこなっている。めまぐるしく移り変わる都市の風景のなかでも、特定のスポットが開発中であるさまはきわめてはかない一刹那でしかありえない。そのため、東京有数の繁華街の工事現場で二〇一〇年代半ばに撮影された映像は、現実の具体的な時と場所を刻印する記録にもなる。この性格によって「サイレントマジョリティー」のミュージックビデオは、欅坂46のデビューと時代の記憶とを紐づける役割を果たした。

そのような実在感をもつ一方、この作品にはきわめてフィクショナルな意匠も織り込まれている。メンバーの背景にみえる渋谷駅前のビルボードには、何者かからの監視を暗示するような瞳の図像が浮かび上がる。「体制」や「管理」の典型的な象徴と、それに抵抗する人々を写す直截な歌詞とのコンビネーションは、レジスタンスを主題とするフィクションのクリシェを踏襲しているような手触りがある。

これらミュージックビデオとしての「サイレントマジョリティー」を構成する諸側面の絶妙なバランスによって、この映像作品はごく虚構的な上演でありながら、実在の場所や時代感ともリンクした特有のリアリティをたたえている。欅坂46がキャリアのごく浅い段階で世に広く伝播したのは、視覚的な作品としての「サイレントマジョリティー」の力によるところが大きい。以降も、欅坂46というグループは何よりも同曲に準じたイメージをよりどころにして論じられることになる。

アイドルが異端であることは可能か

もっとも、「サイレントマジョリティー」のインパクトに導かれて欅坂46が語られるとき、その特性としてことさらに注目されてきたのは、何よりまず詞に表現された〝抵抗する者〟としてのメッセージ性だった。そのレジスタンス的な世界観はしばしば、「アイドル」の表現として異端であると位置づけられ、カウンター的な姿勢こそが欅坂46の革新性としてたびたび論じられた。

とはいえ、欅坂46が生まれた二〇一〇年代のアイドルシーンにとって、カウンター的な身ぶりはそもそも稀有なものではない。鈴木謙介がAKB48やK‐POPといったグローバルなグループに比べて欅坂46は「日本にローカライズされた文脈を感じさせる」としながら、「地下アイドルには、楽曲がロックだったりMVや歌詞の表現が内省的だったりと、オルタナティブなタイプのアイドルも少なくありません。グローバルなアイドル市場が満たし切れないドメスティックなアイドルへのニーズを地下アイドルが受け止めていたところに登場したのが、欅坂46だったのではないでしょうか」（『別冊カドカワ 総力特集 欅坂46 20180703』〔カドカワムック〕、KADOKAWA、二〇一八年）と語るように、欅坂46の登場以前から女性アイドルシーンは総じて、多様な表現を模索するための実験場として存在していた。

演者としてのアイドルがアイコンの役割を務めて一定のポップさを担保することで、音楽の方向性や詞世界、振る舞い方に自由度を生むことができる。そこでは「カウンター」的な姿勢の上演もまた、数ある志向性やモチーフの選択肢のひとつにすぎない。アイドルが描く情景やメッセージはいくらでも多様でありうるし、またジャンル横断的にいくつもの方向の表現を投影することが可能になる。それゆえ、たとえば「ロック」や「ヒップホップ」と並列されるような、いわゆる「音楽ジャンル」として一括することが困難な、いささか位相が異なる分類としてアイドルはある。この時期の女性アイドルブームのなかで、そうした認識も明確に言語化されるようになっていた。

これと裏表にあるのが、二〇一〇年代にしきりに繰り返されてきた「アイドルらしくなさ」にまつわる言説である。このアイドルシーン活況のなかでは、アイドル当人が自ら「アイドルらしくない」と自己言及するさま、あるいは語り手の側が特定のアイドルを評する際に「アイドルの枠を超えた」などの表現を用いて「アイドルらしくなさ」を論じるさまが頻繁にみられた。それらは、他のアイドルとの差異化を言明するための典型的な振る舞いとして繰り返される。そして、欅坂46もまた、「アイドルの枠を超えた」式の称揚を受けることが多いグループとしてあった。

あるアイドルについて「アイドルらしくなさ」が論じられるとき、往々にしてそれは当該のアイドルを称揚する文脈で用いられる。「アイドルらしくなさ」が称揚の理由になることは、裏を返せば「アイドルらしさ」なるものにネガティブなイメージが託されていることを意味する。

この背景には、「アイドル」は以前から「誰かからのお仕着せ」や「異性（男性）に媚びる」ような表現として想定されてきたということがある。「アイドル」はときに〝操り人形〟などの比喩で語られ、また第6章でもふれたようにどこまでも異性愛の対象としての表現に収斂するもののように認識されてきた。仮にそれらが「アイドルらしさ」の定型とみなされるのであれば、欅坂46の旗印になった「カウンター」的なメッセージ性が、「アイドルらしくない」ものとして受容されることは想像しやすい。

けれども、実のところ今日のアイドルが多様な表現の依り代であり、ネガティブさや内省的な語りもごく当たり前に表現のうちに取り込んでしまえる以上、そもそも特定のベクトルの表現を「アイドルらしさ」のスタンダードとして見いだすことは難しい。また、あるアイドルについて「アイドルらしくなさ」を指摘するような、あるいはアイドル自身が「アイドルらしくなさ」に自己言及するような身ぶりそれ自体がありふれた光景になったとき、そこで用いられる「アイドルらしさ」は実体というよりも、ひとつの古典的なステレオタイプとしてある。「アイドルの枠を超えた」といった言及そのものが手垢のついた言い回しになった時代に、アイドルが「アイドルとして異端」であることはとても困難である。

もとより、欅坂46の画期性として語られることが多かったカウンター的な表現は、鈴木が言及した「地下アイドル」と呼ばれる規模のパフォーマーの専売特許というわけでもない。すでにふれてきたように、今日の女性アイドルシーンは、アイドル個々人が人格を投じながら自らの適性や志向を模索し発露するフィールドであり、それら無数のパーソナリティの相互作用が群像劇として提示され、享受の対象になっている。現場とSNSなどのメディアを通じてそのような「群像」を最も大規模に上演してきたのはAKB48グループだが、そこでは自らの来歴や現状についての屈託を吐露したり、自身がグループ内で置かれた立場をめぐる葛藤や反発、ときに受け手との間のコンフリクトさえあらわにしながら発信される。そして、それら内省的な語りや負の感情までもが可視化されコンテンツに組み込まれていくことも、もはやアイドルの表現としては標準的なものになっている。

そうした土壌を前提にするならば、欅坂46作品のごく表面的なアティテュードとして受容されたカウンター的な姿勢それ自体は、必ずしも他のアイドルにみられないものではなかった。それでもなお、デビュー当初の欅坂46を称賛する文脈で「アイドルを超えた」式の視点はいくぶん素朴に繰り返されてきた。こうした欅坂46のインパクトが明らかにしたのは、実体をともなわない「アイドルらしさ」のステレオタイプが、社会のなかにどこまでも強固に息づいているということだった。

パフォーマーと表現内容の一致をめぐって

同時に、欅坂46のカウンター的なイメージは革新性として肯定的に語られるばかりではなく、グループへの揶揄や皮肉を呼び込んでもいた。すなわち、「サイレントマジョリティー」の表現は他方で、〝大人〟にお仕着せられたそろいの制服や歌詞、振付をもって、〝大人〟や体制への抵抗を表現する滑稽な構図として冷笑的に指摘されてもいた。そもそも、〝大人〟にお仕着せられた楽曲や振る舞いをさせられている「操り人形」のような存在としてアイドルを捉えようとする視点は、欅坂46に限らずアイドルというジャンルに古くからついて回る。それはしばしば、アイドル／アーティストという二分法に基づいて論じられ、〝主体性〟の有無によって「アイドル」か「アーティスト」かを分けるような枠組みが採用される。

このアイドル／アーティストという区分が設定されるとき、具体的には「作詞・作曲を演者自身が手がけているか否か」すなわち自作自演であるかどうかが、〝主体性〟の有無を分かつ簡潔なよりどころとして想定されることが多い。「アイドル」的な扱いを受けて若年でデビューしたパフォーマーが、やがて「アーティスト」として認知されるとき、詞曲や振付などを自ら手がけていることが、その「アーティスト」性の担保のひとつとされるケースもまた少なくない。

作品の骨格を演者自身が創作することに、その演者の〝主体性〟を見いだすことは確かに容易である。これはまた、ポピュラー音楽の歌詞において、パフォーマーのパーソナリティと作品の「内容」とが一致しているようにみえることが、重要な価値として機能していることも示唆する。欅坂46をめぐる状況についていえば、体制や〝大人〟に対して抵抗の構えをみせる登場人物が描写されているにもかかわらず、演者たちはその表現を〝大人にやらされている〟のだという構図、すなわち演者と表現内容との乖離を看取することは一見たやすく、そのため冷笑しやすいターゲットとしてあった。

着目すべきは、欅坂46が革新的なアイドルとして称揚され肯定的に語られる際もまた、この二項対立から必ずしも自由になっていたわけではないということだ。むしろ、アイドル／アーティストという対概念、あるいは自作自演こそを主体性のありかとする発想はなお、議論の前提になっていた。

欅坂46の反抗や革命といったイメージは、ほとんど古典的ともいえる〝ロック〟的な文脈に引き寄せて受け止められ、評価されることも少なくなかった。音楽系出版社のロッキング・オンが継続的に欅坂46の活動に注目し、同社が企画・制作する「ROCK IN JAPAN FESTIVAL」などのロックフェスでメインステージのアクトに繰り返し招くようになったことは、欅坂46が〝ロック〟的な文脈で受容されたことの象徴的な例のひとつだった。

ロッキング・オンが刊行する邦楽ロック誌「ROCKIN'ON JAPAN」編集長の小柳大輔は、欅坂46のセンター平手友梨奈のインタビューを同誌に掲載するにあたって、「優れたアーティストによる優れた表現とはつまり、「いいメロディ」や「素晴らしい歌詞」といった事実の手前に、いいメロディや素晴らしい歌詞が生まれてきた理由、いいメロディや素晴らしい歌詞にならざるを得なかった物語を経由している」としたうえで、欅坂46について次のように記述する。

欅坂46も平手友梨奈も、詞やメロディを書いているわけではない。

だが、「必然」を引き寄せるパワーにそんなことはあまり関係がない。

言い換えさせてもらうならば、平手という人は、その圧倒的な存在感や破格のポテンシャルによって、ある意味で、必要な曲を呼んでいる――

もっと言ってしまうならば、自分たちの現在と未来にとって必要な楽曲を「書かせて」いるのではないか。

（「ROCKIN'ON JAPAN」二〇一七年四月号、ロッキング・オン）


ここでは欅坂46の作品に「優れたアーティストによる優れた表現」を見いだすにあたって、演者と作詞・作曲を手がける者が一致していないことにふれたうえで、「そんなことはあまり関係がない」とあえて打ち消してみせている。そして、自作自演でないことを埋め合わせるように、「「必然」を引き寄せるパワー」や「圧倒的な存在感や破格のポテンシャル」が代入される。仮に、演者自身が作詞や作曲を手がける場合、すぐさまアーティストと作品との間にパーソナリティの一致、つまり主体性らしさを見いだしやすいため、こうした手続きはおそらく必要ない。欅坂46の作品が優れていることを論じるにあたって、自作自演でないことに言及し、それを補うように、「必要な曲を呼んでいる」「書かせている」と演者と楽曲内容との間の必然を説明しなければならないとしたら、その視座はいまだ自作自演を基準に置いたアイドル／アーティストの二分法の枠組みのうちにある。

2　演劇的表現としてのアイドル楽曲

デビューシングルに通底する演劇性

しかし、自作自演であるか否か、アイドルかアーティストかといった枠組みに引っ張られたまま欅坂46をみていても、おそらくこのグループがデビュー時にみせたインパクトのありかを曇らせてしまう。

「サイレントマジョリティー」は、「大人たちに支配されるな」というメッセージを臆面もなく直接的な言葉を用いてつづった楽曲である。字面だけをみるならば、体制への抵抗を語る表現としては安直といってもいい。このようにレジスタンスのイメージを最大公約数的な言葉で描いた作品が、その歌詞を大きく凌駕する豊かなイメージを提示できたのは、先に述べたように同曲のミュージックビデオに象徴されるような、複合的なクリエイションゆえだった。そして、身体的なパフォーマンスの点から考えるならば、そのインパクトを読み解く補助線として、欅坂46のルーツとしての乃木坂46が切り開いてきた、継続的な演劇的志向を呼び出すことができる。

第3章で詳述した乃木坂46の演劇『すべての犬は天国へ行く』では、TAKAHIROがエンディングの振付を手がけていた。その翌年、彼は欅坂46の「サイレントマジョリティー」の振付を担当し、同曲の急速なブレイクとともに彼自身への注目度も飛躍的に上昇する。これを契機に、以降の欅坂46においてもそのシリアスな表現の肝を担う人物として位置づけられていく。すでにふれたようにTAKAHIROは「サイレントマジョリティー」で、体制に黙従する人々とそれに抗う若者たち双方を描き出した。隊列を思わせる統制的な動きやそれらをコントロールする権威者のように立ち振る舞う平手の役柄、あるいは平手を含めたメンバー個々が自我の胎動を示すような動きをもってその統制を打破するさままで、群像によってこそ実現できるストーリー性をこの楽曲に吹き込んだ。

肝要なのは、このように明快なドラマティックさをもつ振付が、デビューシングルである『サイレントマジョリティー』に収録された他の楽曲――とりわけコミカルなタッチの楽曲や、より静的でミクロな世界観を描いた楽曲――にも貫かれている点である。

菅井友香と守屋茜の二人がカップルの物語をコミカルに表現する「手を繋いで帰ろうか」では、やはり歌詞をたどるようにして二人の間に起こる小さないさかいを、具体的な身ぶりで演じてみせることで楽曲が進行する。そして、菅井と守屋以外のメンバーたちは二人のラブコメディを見守りながら物語の進行を補助するコロスのように立ち回り、主役たちを引き立てるアンサンブルとして二人のなりゆきを飾っていく。「サイレントマジョリティー」で絶対的な統率者を演じてみせた平手も、「手を繋いで帰ろうか」では一転してコロスの一員へと立場を大きく変えた。あるいは、夜中に明かりを消した部屋で一人静かに葛藤し、内省的な言葉をつづる「キミガイナイ」では、グスタフ・マーラーの交響曲がどこからか聞こえる情景が描かれた歌詞に導かれて、メンバーたちが渡辺梨加を水平に担いでステージ上を進行し、葬送のイメージを具象的に描いてみせる。それはもちろん葬列の立体的表現でもあるが、同時に歌詞の一人称であるベッドに横たわった自分自身の姿、あるいはここにいない「君」の象徴にもなりうる。この上演は単なる振付である以上に、多層的な役柄を託しうる視覚的なインパクトをもたらすものだった。

デビューシングルに収められたこれらの楽曲を貫いているのは、二十人規模のアイドルグループに集団としての多様な演劇的表現を託す姿勢である。それらが伝えようとするモチーフは、若者たちのレジスタンスを描くものから陽性のラブコメディ、または夜中に寝室で内省的な語りをみせるミクロな詞世界まで幅広い。世界観も主人公の属性も多彩でありながら、ただ一貫しているのは、踊っているというよりも演じているという趣が強い、群像としてのパフォーマンスである。

演じ手としてのアイドル

振り返れば、アイドルグループに演劇性を託す表現は乃木坂46がまだ自らの確たる方向性をもちえないころから模索しながら開拓してきたものである。乃木坂46の場合、その演劇的志向はやがて舞台演劇への進出やドラマを作り込むスタイルのミュージックビデオ群などに落とし込まれ、グループの志向を決定づける要素になった。そして、そのエッセンスを結成時から継承する欅坂46はこれら演劇的表現の蓄積を、グループの最も基本的なアウトプットである楽曲のパフォーマンスに昇華させた。いってみれば欅坂46は、デビューシングルにして乃木坂46が重ねてきた試行の応用篇をみせている。

ただしまた、欅坂46がデビュー時に示したこの具象的な表現は、アイドルというパフォーマンスの形式にとってそもそも親和性が高いものでもあった。アイドルグループの振付を数多く手がける振付師の竹中夏海が歴代の女性アイドル楽曲を参照しながら述べるのは、アイドルのダンスの大きな特徴としての「歌詞と振付のリンク」である（竹中夏海『IDOL DANCE!!!――歌って踊るカワイイ女の子がいる限り、世界は楽しい』ポット出版、二〇一二年）。竹中はキャンディーズ「年下の男の子」、モーニング娘。「シャボン玉」、AKB48「制服が邪魔をする」などの今昔の振付を例示しながら、「歌詞と連動した振りを付けることで、その曲の世界観を視覚で伝えやすくする」「歌詞カード以上の物語を〝振付によって広げる〟」（同書）といった効果をアイドルのダンスに見いだす。歌詞に描かれた情景や道具立てをある種、説明的に身ぶりで表現することはアイドルの楽曲にとって常套手段だった。欅坂46とTAKAHIROはその歌詞と振付との連動を、パフォーマー個々人や数人規模のレベルではなく、群像全体で遂行しようとした。いわばアイドルが本来備えていた性質を、群像による表現を追求することで発展させ、その本来的性質を印象的に提示してみせたといえる。

乃木坂46から欅坂46に至る演劇的な表現の昇華を踏まえるとき、アイドル当人たちが楽曲パフォーマンスで担う、演者としての役割はより明確に認識しやすい。思春期の人物を描写するラブソングであれ、体制への反発心を抱える主人公であれ、彼女たちはまず虚構のドラマを演じる者として楽曲を担う。彼女たちが体現する登場人物のパーソナリティや価値判断と、演者たる彼女たち自身のパーソナリティとは、ここでは一旦切り離されうる。直接的に演劇に引き付けてなぞらえるならば、自ら脚本や演出を手がけていない俳優が、主体性なく作家や演出家の操り人形になっているわけではないように、アイドル当人たちもまた詞曲や振付を他者に委ねることがそのまま主体性の欠落を意味するわけではない。楽曲内のさまざまな虚構を体現することに専心するなかで、そのパフォーマンスを通じて演者は主体性も知性も発揮しうる。あるいは、すぐれた演者としてそこに立ちえたからこそ「サイレントマジョリティー」はインパクトの強い上演になった。それは、自作自演に紐づいた「アイドルかアーティストか」といった実りの乏しい二項対立的な発想から読み解かれるものではなく、アイドルという表現形式をどのように整理するかといった視点から捉えるべきものだろう。

円堂都司昭は、欅坂46周辺にみられる〝ロック〟的な文脈をめぐる評価に目配りしながら、欅坂46のアプローチをミュージカルとの親近性から説明してみせる。

「サイレントマジョリティー」や「不協和音」に象徴される欅坂46のイメージをめぐっては、記事で反抗、革命という言葉が使われたり、ロック的な文脈に引き寄せたりする例がみられた。一方、大人に命じられた通り揃いの制服を着て、振付通り踊りながら大人に反抗する曲を歌うことを揶揄する意見もあった。自作自演重視の旧来型のロック的観点から解釈した批判だ。しかし、反抗、革命はロックの専売特許ではないし、ミュージカルでもよくとりあげられてきた題材だ。

(「欅坂46とミュージカルの親近性――エンターテインメント集団としての表現を1stアルバムから考察」「Real Sound」)

円堂は続けて、『レ・ミゼラブル』で上演される十九世紀フランスの六月暴動を題材にした「民衆の歌」や、宝塚歌劇団がミュージカル化した『ベルサイユのばら』の群舞といった大劇場ミュージカルの代表的な場面を具体的に例示し、欅坂46の「サイレントマジョリティー」や「不協和音」といったカウンター的な色合いが強い楽曲が、むしろそれらに近いことを指摘している。さらに円堂は、ミュージカルで暴動や革命といったモチーフが頻出することについて、政治的な理由であるよりも集団で踊り歌うエンターテインメントとしての特性によることを述べ、「音楽を芝居的にとらえることで歌詞理解や表現に関して成長してきた」グループとして欅坂46を捉える(同ウェブサイト)。

これは欅坂46を、そしてアイドルというジャンルの根本的な性格を考えるうえで重要な視点である。円堂が、「一方、ミュージカルにおいて暴動や革命がよく扱われるのは、政治的な理由というよりエンターテインメントとしての特性による。人々が揃って声を上げ、体を張る暴動や革命というシチュエーションは、集団で踊り歌うエンターテインメントであるミュージカルを盛り上げやすいからだ」（同ウェブサイト）とも指摘するように、フィクショナルなエンターテインメントとして考えるとき、作品個別のテーマ性は必ずしも発信者の信念に紐づいたものではない。あくまでパフォーマンスを効果的にみせるものとして、あるモチーフがそのつど呼び出される。ときにそれはラブコメディであり、ときにはよりミクロな関係性を内省的につづるものになる。欅坂46で「サイレントマジョリティー」と同じパッケージ内に「手を繋いで帰ろうか」や「キミガイナイ」が並列されたことは、まさにそうした柔軟さを体現していた。

であればこそ、欅坂46が示したのは、演劇的なアプローチを補助線に用いながらアイドルという表現形式の性格こそを効果的に伝えるすべだった。そのインパクトを、「アイドルを超えた」や「アイドルらしからぬ」といった解釈で読み替えてしまうことは、むしろアイドルというジャンルを他ジャンルに比べて下位に置くような語りを再生産することになる。

欅坂46の革新性として語られたようなシリアスなテーマ性はグループのトレードマークとして機能し、その後の欅坂46楽曲の詞などにもたびたび見いだされる。レジスタンスや〝ロック〟的な文脈をもってこのグループの特性とする方向づけが一定の成果を得たことで、送り手と受け手の双方が共振しながら、そうしたベクトルへの追求を繰り返しているようでもある。ただし、欅坂46のインパクトをレジスタンスやロックといった表面的なテーマに限定して語れば語るほど、このグループが提示してみせたアイドルというジャンルの豊かな可能性はかえって覆い隠される。多様な登場人物、多様な感受性を演じる身体として「アイドル」というジャンルを提示することにこそ、欅坂

46の優れた点はあったのだから。

3　歴史を集約するセンター

「サイレントマジョリティー」という曲は、パフォーマーと詞曲との距離あるいはそのパフォーマンス構造を考えるうえで、興味深い事例をもう一つ生み出している。それは、乃木坂46から欅坂46へと連なるクリエイションの系譜を見通してみせるような、唯一無二の機会として立ち現れた。

二〇一六年七月十八日、フジテレビ系の音楽特番『FNSうたの夏まつり――海の日スペシャル』では、AKB48、SKE48、NMB48、HKT48、乃木坂46、欅坂46のメンバーを選抜して結成したユニットが、視聴者投票で選出された楽曲を披露した。選ばれた曲は、その年の春に旋風を巻き起こしたばかりの「サイレントマジョリティー」である。そして、この企画でセンターを務めたのは乃木坂46の生駒里奈だった。

テレビの音楽特番の宿命上、それは一日限りの突発的な企画にならざるをえない。このとき、各グループからキャリアの長いセンターポジション経験者が顔をそろえた急ごしらえのこのユニットは、必然的に楽曲の世界観に奉仕するよりもメンバー各人のタレント性やパフォーマンス力こそが発揮されるものになる。オリジナルの欅坂46による「サイレントマジョリティー」のミュージックビデオが細部にわたってコンセプトを一貫させ、統率されたイメージを描ききったゆえに世にインパクトをもたらしえたことを思えば、このような即席の顔合わせと相性がいい楽曲では決してなかった。

しかし、同番組で彼女たちが披露した「サイレントマジョリティー」は、欅坂46のオリジナルとは異なる位相で、二〇一〇年代を代表するアイドルグループがもつ懐の豊かさを体現するものになった。すでにみてきたように、欅坂46のクリエイションにみえる演劇性の高さやそれに導かれたコンセプトの貫徹は、突発的に誕生したわけではない。乃木坂46が模索しながら築いてきた足跡の先に、洗練されたかたちで芽を出したのが「サイレントマジョリティー」だった。その乃木坂46の草創期にグループのシンボルとして立ち回り、矢面に立ちながら乃木坂46の基調を担ってきた生駒がこの曲のセンターを務めることは、この二グループの歴史を集約するような趣があった。

さらにいえばこの際のユニットは、二〇一〇年代の女性アイドルシーンの中心にいたAKB48グループとその派生である乃木坂46が主体となり、それら全グループを貫く系譜の最新形として産声をあげたばかりの欅坂46の代表曲を上演するものである。そこでは、アイドルの群像表現の可能性をアップデートさせた「サイレントマジョリティー」が、すでに有名タレントとして認知され社会のポップアイコンを担ってきた強い「個」たちの手によって再構成される。この作品の読み替えによって、「サイレントマジョリティー」がもつフィクションとしての性格とそれを体現する演者たるアイドルたちとの遠近感の妙が否応なく浮かび上がった。

そのような演者と作品との距離感を明晰に説明したのは、この企画でセンターを務めた生駒だった。放送後、繰り返しファンやメディアの話題にのぼったこのときのパフォーマンスについて、彼女は「サイレントマジョリティー」の歌詞を引きながら次のように振り返る。

「大人に支配されるな」は十代の子が歌うからこそ、あんなにキマるんだと思うんです。欅坂46がやる『サイレントマジョリティー』はレジスタンスなんですよ。でも、私たちは「過去にレジスタンスだった人たち」にしか見えない。だから「大人に支配されるな」も別の種類のものに聞こえる。きっと『制服のマネキン』の頃の私の表現と重ね合わせた人もいると思うんです。ずっと見続けてるファンの方もそう感じたはず。でも、これはたぶん私しか気づいてないと思うんですけど、あの時の表現の仕方とは全然違う。もうあの時の私じゃない。私はもう反乱軍にはなれないんです。

（「BRODY」二〇一六年十月号、白夜書房）

欅坂46版と自分たちとのパフォーマンスを対比しながら振り返る生駒の発言は、ある作品で上演される虚構と、それを演じるアイドルのパーソナリティとがそれぞれ異なる水準にあることの自覚が見て取れる。前章でみたように、彼女はまさにパーソナリティこそが生のまま消費されがちな「戦場」としてのアイドルシーンに対して違和を表明しながらも、なおその「戦場」に参入することを選び、自らの拠点である乃木坂46では「戦場」をストレートに継承するのとは異なる価値観を体現してきた。そうした人物の実感であるだけに、演者の主体と演目とを切り分けて語るその言葉はクリティカルに響く。

ただしまた、引用した生駒の言葉は、演者の主体と演目とを切り分けて捉えることの重要さを示すと同時に、それでもなおアイドルのパーソナリティと虚構との分かちがたさをにじませたものでもある。生駒の分析的な語りは、アイドルが「演じる」とは何か、アイドルの職能とは何かを捉え直すための重要な糸口となる。

第9章

アイドルが「演じる」とは何か

1　パフォーマーとしての「主体」

「主体」の捉えがたさ

前章の終わりに引用した生駒里奈の言葉が示すのは、以下のようなことだ。すなわち、「体制に支配されることへの抵抗」という、とあるフィクショナルな若者像を描いた楽曲「サイレントマジョリティー」を上演するにあたっては、キャリアを重ねたＡＫＢ48グループや乃木坂46のセンター経験者ではなく、芸歴も浅く生駒らよりも若い欅坂46の身体のほうこそが適しているという認識である。実践者自身によるこの感覚の言語化は、アイドルの楽曲パフォーマンスにおいて、作品上に描かれる虚構のストーリーとそれを体現する演者との距離がどのようなものであるのかを表している。こうした生駒の視点は、アイドルが「演じる」とは何かを問う手がかりへとつながっていく。

すでにふれたように、欅坂46の「サイレントマジョリティー」はミュージックビデオが発表された当初から、トータルパッケージの完成度が高評価を得る一方で、その詞世界に対する皮肉めいた反響も少なからず呼び込んだ。それは、若いメンバーたちが歌う「大人たちに支配されるな」という叫びそのものが、それをプロデュースする「大人」によって手がけられ、その「大人」が描いたレジスタンスを若者たちが歌っているという構図を冷笑的に指摘するものだった。言い換えればそのような声は、主体的な行動を選び取る者への鼓舞として描かれた「サイレントマジョリティー」を上演する彼女たちが、「大人」によって「主体」を奪われているではないか、ということを示している。

もっとも、一見わかりやすいこの皮肉は、パフォーマーがある物語を「演じる」ことの可能性を等閑視したものでもある。

もとより、どこまでも「見られる」対象である芸能者について、何が「主体」であり、また「客体」であるのかを明快に指し示すことは困難である。そもそも芸能者に限らずとも、まったく「客体」でない状態を想定するのは容易ではない。ただし、個別の作品レベルでいうならば、パフォーマーが虚構の世界観を声や身体で上演するその仕方によって、ある水準での主体的な実践を見いだせるだろう。そこでは、作家と演者がそれぞれに役割を受け持ちながら、上演作品の総体が形作られていく。今日、「アイドル」と称されるジャンルは、そうした演劇的なパフォーミングアートのひとつにほかならない。生駒が「サイレントマジョリティー」に関して語ったのは、演目にキャスティングされる身としての己の適性にまつわる論点だった。あるフィクションの筋立てをパフォーマーとは独立した作家が描き、それを演じる担い手に年若いパフォーマーが選ばれることそれ自体は、演者の主体性を即座に打ち消すものではない。

また、やや話の水準を変えれば、今日のグループアイドルシーンにあっては、自らが属するフィールドを活用してどれだけ自己を発信できるか、セルフプロデュースできるかといった、まさに

「主体」的な立ち回りが、アイドル個々人の活動継続のための重要な鍵になっている。それを踏まえれば、総合的なプロデュースを「大人」に委ねていることを、すぐさまアイドルという営為で「主体性」の欠如と結び付けるのは、なおさら適当ではない。

旧弊を温存する身ぶり

けれども、ここまで言及してきたように現在のグループアイドルシーンはセルフプロデュースや自己の表現を模索するフィールドであると同時に、彼女たちへの抑圧としてはたらく特有の規範や、理不尽な負荷をかけ続けるような構造が埋め込まれてもいる。そうした抑圧を内包する回路を通じて「主体性」を発揮せざるをえないことが、このジャンルが抱える悩ましさだった。

また、より具体的に一側面を例にとるならば、AKB48グループのほか乃木坂46をはじめとする「坂道シリーズ」など、二〇一〇年代を代表するアイドルグループの作詞家と総合プロデューサーの肩書をもつ秋元康の名義が冠された施策やテキスト表現の一部が、この「主体性」をめぐる議論に影響してもいるだろう。

長いキャリアをもつ作詞家としての秋元についていえば、二〇一〇年代の女性アイドルに提供したものに限っても、楽曲上で描かれる思想性や人物像に、総体として特定の傾向が見いだせるわけではない。秋元による膨大な歌詞群のなかには、恋愛に生きようとする人物の心情が歌われるものもあればレジスタンスを謳うものもあり、困難な状況に立ち向かおうと歌うものもある。また必ずしも性愛をまとわない他者同士の愛着を叙述する詞も、逆にそうした親密性を突き放してみせる詞もあり、よりマクロな視点から普遍的な人間の生をことほぐものもある。恋愛モチーフの詞の一人称に関してみても、臆病で内気な人物も強い自信をもつ人物も現れ、また異性愛だけが描かれるわけでもない。原則として多様な情景を明確なフィクションの一片として切り取ってみせるそれら秋元の詞作から、一貫した思想を取り出すことはできない。

けれども、秋元が手がける詞やプロジェクトの大方針に時折、アイドルシーンが抱えてきた抑圧的な旧弊を温存する身ぶりが象徴的に現れるのも事実である。それらは、アイドルに「演じる者」としての主体性を見いだす本書の試みが、明快な見通しをたやすく得られるものではないことも示している。たとえば秋元は、女子生徒と男性教師の間にセクシャルな関係性の予感をほのめかすタイプの詞を一九八〇年代から二〇一〇年代にわたって幾度か書き、それぞれの時代の女性グループの楽曲にあててきた。生徒視点で書かれてきたそれらは、もちろんとあるフィクションの情景を描写したものだが、そうした人物像が作品中で素朴に表象されることで見過ごされてしまうものは小さくない。

おおよそ未成年の一人称と推定されるそれらの詞は実質上、若年者への性的なまなざしを表明するものになる。また女子生徒と男性教師という二者の間には本来、フィジカルの差異だけでなく学校という機関内での立場上の関係、また社会全体に根づく男性優位の構造、さらには未成年と成人など、幾重にもわたる不均衡な権力性が現実として横たわっている。そのような構図の俯瞰やそれに対する批評を作品中に含むことなしに、登場人物の関係にセクシャルな誘惑だけを無邪気に付与し、フィクションとして表象してきたことになる。それらの詞が、形式的にはむしろ一人称である生徒からの「主体的」なアプローチとして描かれること、またそのフィクションを上演するパフォーマーのなかに現実の未成年もしばしば含まれることをあわせて考えても、これらの表象が無頓着に繰り返されていることは省みるべきだろう。

「男性たちに操られる女性」という表象

秋元の描くフィクションの内容に一貫したポリシーを見いだしがたいことに鑑みても、こうした種類の表現は彼の強固な思想や信念によるというよりは、おそらく彼がキャリアを形成してきた時代の空気とともに内面化され、習い性のように彼の手つきのなかに育まれてきたものだろう。あるいは、本書中盤でみてきた競争的な価値観や「選別」の前面化・エンターテインメント化もまた、少なからず社会のうちに温存されてきた女性への抑圧を含み込みながら、この十年ほどのアイドルシーンの空気を形作ってきた。それゆえに、秋元がプロデュースする組織のメンバーには、しばしば主体性を制限された被抑圧者としてのまなざしが向けられる。乃木坂46もまた、そのように論じられる対象にほかならない。

ライターの武田砂鉄はメディア文化論などを専門とする田中東子との対談のなかで、秋元が「「極力若くて未熟なうちに人前に晒すのが、女の子として、もっとも喜ばしいことなんだ」というカルチャーを、ずっと植え付け続けてきた」としたうえで、AKB48や乃木坂46に言及する。

武田　たとえば「乃木坂46」って、「AKB48」と比べれば清楚な集団ということになっているでしょう？　男性たちに操られている女性の集団という意味では何の変化もないけれど、これまでと比べてなんとなく清楚、という文脈で何が語れるというのか。麻痺していませんか。

田中　乃木坂46のもう一つの問題点は、女性ウケが非常にいいということです。女子学生の憧れなんですよ。「AKB48」のメンバーは『週刊少年マガジン』など男性誌の表紙を水着で飾ったりしていましたが、乃木坂の場合は女性誌で「ファッション雑誌のモデルさん」みたいな売り方をしていますから。

（林香里編『足をどかしてくれませんか。――メディアは女たちの声を届けているか』亜紀書房、二〇一九年）

同対談では、田中が「乃木坂に憧れる一方で、K－POPの女性アイドルのやや強めな媚びないスタイルにも惹かれる」と女子学生たちの嗜好を説明している。もっとも、ともに学生たちから人気を集めるグループでありながら、ここでは乃木坂46とK－POPとが対照的な存在として明確に対置されている。すなわち、乃木坂46が社会的な抑圧に順応する者の象徴として扱われ、K－POPをそうした抑圧や慣習に屈しない表現のあり方として設定される。二〇一〇年代のポップカルチャーにおいてK－POPが体現してきたエンパワーメントの多大な功績を考えれば、それらのグループが旧弊を解消するための希望の象徴になることは了解しやすい。その一方で、乃木坂46は、あくまで旧習を背負ったネガティブな存在として語られる。「乃木坂的なものと韓流ポップス的なものが同居」している女性誌に関して武田は、「「彼ママコーデ」という特集があるかと思えば、「私が私らしくいるために」という記事が載っている。結局彼女たちはどうしたいのか。就職活動が始まれば、乃木坂方面に流れていくのでしょうか」と問う。そして、社会的な抑圧に直面する場としての就職活動について「やっぱり社会の問題なんですよね。受ける側ではなく面接官側を変えないと、彼女たちは「乃木坂」にならざるを得ない」「入り口で失敗するとマジヤバいぞ、っていう空気がある。だからこそ女子学生も就活ではオルチャンメイクから乃木坂メイクに戻るわけです」（前掲『足をどかしてくれませんか。』）と述べる。「乃木坂的」はここで、女性たちが社会の旧習に従う際の記号として呼び出されている。

こうした語りのなかでは、乃木坂46はどこまでも主体を封じられ抑圧に服従するものとして表象され、秋元の名を総合プロデュースに冠するグループはあくまで「男性たちに操られている女性の集団」と見なされる。前述した欅坂46の「サイレントマジョリティー」への冷笑は、おそらくはこうした視座に起因する負のイメージが大なり小なりない交ぜに投影されたもののはずだ。

アイドルという身体と演技

第6章でも言及したように、アイドル自身の能動的な振る舞いさえも自らを抑圧する構造の維持に作用しうることを省みれば、抑圧への順応が自然と繰り返されてしまうことには敏感でなければならない。武田と田中の視座が伝えるのは、まさにそうした順応への警戒である。しかし一方で、主体性を剝奪された「男性たちに操られている女性の集団」としてのみアイドルを捉え、彼女たちのアウトプットをそうした文脈にことごとく回収してしまう議論は、むしろ彼女たちがこのジャンルを通じておこなっている文化実践をなおざりにし、それこそ彼女たちの「主体」を軽視することになる。このジャンルの、もしくはアイドルたち自身の実践がもつ価値を評することと、それでもなおアイドルシーンの旧弊を批判し続けることとは、言うまでもなく両立する。アイドルというカルチャーをことさら擁護するためでなく、アイドルが内包する問題性と可能性とを俯瞰する繊細な議論のために、またコンテンツの作り手と受け手双方の感覚をアップデートしていくために、この自覚は不可欠だ。

もとより、第8章で「サイレントマジョリティー」のミュージックビデオに関してみたように、多方面にわたる要素をそれぞれに分担するクリエイターやスタッフと、それを上演する者としてのアイドルによって総合的に営まれる表現としてこのジャンルはある。前章から参照している生駒の言は、その総合的表現のなかで上演者を引き受ける者の自覚を示すものだ。生駒は楽曲がもつ虚構のコンセプトを表現する演技者としての立場から、楽曲と己との距離感を語っていた。そこには、作者や演者自身の人格と作品内世界でのリアリティとを区別する視点がうかがえる。

ただしまた、自身と欅坂46双方の適性を比較し、自らの表現を評して「もう反乱軍にはなれない」と述べる生駒の言葉のうちには、パフォーマーの身体と演じられる内容とが相互に、完全に独立した関係ではありえないことも示されている。とりわけ、おもに若年期の人々が演者として想定されるアイドルというジャンルの場合、わずかな期間でパフォーマーとしての性質は少なからず移り変わっていく。生駒と欅坂46との活動歴の差は五年ほどだが、先の発言からは、十代から二十代にさしかかってキャリアを積み重ねるなかで、アイドルとしての表現をおこなう身体が大きく変化していくという自己認識が見て取れる。

本書を通じてたびたび着目してきたのは、乃木坂46が「演じる」身体であるということだった。文字どおり演劇に傾斜してきたグループでもある乃木坂46は、アイドルの上演について考えるうえで多様なサンプルを残してきた。ここでは再度、乃木坂46の演劇公演に立ち戻り、アイドルの身体がいくつもの水準で「演技者」であることにフォーカスしてみたい。一方では、生駒が実感的に語るように、アイドルの表現はわずかな歳月の移ろいに影響を受けやすく、その意味では刹那的な性格をもつ。しかしまた他方で、それはアイドルがごく若年期の人間の姿しか体現できないことを意味しない。「アイドル」という身体であることを前提にして演じられるパフォーマンスのうちにはしばしば、人間の一生分、あるいはそれ以上のロングスパンの普遍性が宿される。「演じる者」としてのアイドルと虚構の水準として演じられる役柄とが切り結び、そうした普遍性を獲得するさまをここでは浮かび上がらせたい。

2 乃木坂46が描き出す〝生〟

乃木坂46がもつ二本の軸

二〇一五年、グループの演劇キャリアにとって転機となる舞台『すべての犬は天国へ行く』（第3章を参照）が上演される四カ月前、乃木坂46は東京・渋谷のAiiA 2.5 Theater Tokyoで演劇公演『じょしらく』を催した。この『じょしらく』と『すべての犬は天国へ行く』の二作は、前年までの『16人のプリンシパル』シリーズ（第2章を参照）にひとつの区切りをつけたのち、その発展型となる演劇企画として掲げられたものだ。

この二つの公演は、互いに対照的な志向をもっている。ケラリーノ・サンドロヴィッチ（KERA）作『すべての犬は天国へ行く』は、KERAが主宰する劇団ナイロン100℃によって二〇〇一年に初演された、シリアス・コメディの傑作である。第3章で詳述したように、『すべての犬は天国へ行く』は、スターシステム的な公演のための戯曲ではなく、あえて表現すれば「アイドルを招聘する必然性のない舞台」であった。この戯曲の選択は、乃木坂46が演劇を志向する集団であることを打ち出し、アイドルという畑の外に自らを投じる画期となる。ただしそれはアイドルの否定ではなく、アイドルグループが展開しうるエンターテインメントの幅を広げるものだった。これに対して『じょしらく』は、基本的には「アイドル」というジャンル内で展開され楽しまれるタイプの企画といえる。キャストを乃木坂46メンバーだけに限定し、出演メンバーを三組に分けたトリプルキャスト制によって上演するその形式は、既存の乃木坂46ファンに向けたコンテンツとしての色合いが強い。すなわちそれは、何よりも出演者が「アイドル・乃木坂46」であることが大前提になった演劇作品である。

このように書くと、既存のアイドルの範疇をわかりやすく拡張しようとした『すべての犬は天国へ行く』と比べ、『じょしらく』は表現の幅が限定されたもののようにもみえる。しかし、アイドルによる舞台演劇として両者を並置するとき、その射程の長短を単純に測ることはできない。それらは、対極的な二本の軸として、グループの可能性を異なるベクトルへと伸張させていく。『じょしらく』は、キャストが「アイドル」であることによってしか表現できない境地へと、演劇を駆動させていった。

「演じる」こととアイドルのアイデンティティ

『じょしらく』は原作マンガ（久米田康治原作、ヤス画、全六巻〔ワイドKCマガジン〕、講談社、二〇〇九―一三年）とそのアニメ化作品をルーツにもつ、いわゆる二・五次元舞台のひとつである。原作やアニメでは、作品全編を通しての直線的なストーリーをもたず、原則として主人公となる五人の女性落語家たちによる楽屋内での日常会話によって作品が進行する。

マンガとアニメ版『じょしらく』は、登場人物たちの会話のなかに現実世界の時事ネタやパロディを多分に含みながら進行する。加えて、登場人物たちの会話にうかがえる批評的な視線は、二次元作品のキャラクターである登場人物たち自身にもたびたび向けられる。ときに自らが「キャラクター」として作画され演出された存在であることに自己言及し、ときにマンガ作品がアニメ化される折に生じがちな受け手からの反響について、まさにアニメ化された彼女たち自身が会話に織り込んでみせる。日常会話劇で構成される『じょしらく』の基調には、前提としてそうしたメタ的な水準の視線が保たれている。

『じょしらく』を乃木坂46が主演する舞台に仕立て直すにあたって、作・演出を務めた川尻恵太は、同作がもつこのような自己言及性をアイドル自身のアイデンティティの混乱として描き出した。

舞台版『じょしらく』冒頭のシーンで、乃木坂46のメンバーが演じる女性落語家たち五人が寄席の楽屋に置かれたテレビを通じて目の当たりにするのは、「自分たちがアイドルグループ“SUGARSPOT”を名乗ってテレビの歌番組に出演している」姿である。テレビのなかにパラレルワールドのような光景が映し出されたのを目にした五人は、ここにいる自分たちが「アイドル」などではなく、あくまで「落語家」であることを確認しようとする。これが乃木坂46版舞台『じょしらく』の発端である。

ここで起きているのは、次のようなことだ。われわれが生きる現実の世界では、彼女たちは乃木坂46という「アイドル」として存在している。その乃木坂46のメンバーたちが、『じょしらく』という舞台のなかでは「落語家」役を演じている。そして、「落語家」である彼女たちがテレビに「アイドル」として出演している自らの姿を目にして驚き、自分たちがあくまで「落語家」であって「アイドル」ではないことを確認しようとするさまが舞台演劇として「演じられている」。このように、「アイドル／落語家」「現実世界／劇内世界」を混在させる仕立てによって、登場人物たちは「実の自分」が何者でありどこにいるかを見失う構造に放り込まれる。

そして物語の進行につれて、この構造はさらなる反転をみせる。すなわち、ここまで述べてきた「落語家たちを主人公としたストーリー」自体が、すべて劇中劇だったことが明かされる。具体的にいえば、この『じょしらく』という演劇は「落語家たちを主人公とする舞台を、架空のアイドルグループが上演していた」というストーリーの作品だったことが示されるのだ。そしてその架空のアイドルグループとは、冒頭でテレビに映っていたあのSUGARSPOTである。劇中の登場人物たちの自己認識はここで、「落語家」ではなく「(架空の) アイドル」へとずらされる。

この入れ子構造を要約すれば、『じょしらく』という劇のなかで「落語家たちを主人公とした芝居を演じる架空のアイドルたち」の役を、乃木坂46のメンバーたちは演じていたということになる。この構造は、そもそも『じょしらく』を上演しているのが現実世界の「アイドル」である乃木坂46だからこそ、複層的な意味をもつ。

とりわけその複雑さを引き受けるのが、トリプルキャストで斉藤優里、松村沙友理、衛藤美彩が演じた蕪羅亭魔梨威というキャラクターである。魔梨威は五人の登場人物のなかでただ一人、劇中の入れ子構造が反転したことについていけず、他の四人がSUGARSPOTのメンバーとしての自己認識をもって振る舞うのに対してただ一人、落語家・蕪羅亭魔梨威として目の前の状況を理解しようとする。その姿は他の四人からすれば、「本当はこの子はアイドル・SUGARSPOTのメンバーなのに、なぜかいつまでも落語家役を演じている」ように映るはずだ。

そして芝居の終盤に至ったこの場面で、アイドルが「演じる」ことについて示唆に富むやりとりが立ち現れる。己のアイデンティティに惑い混乱が続く魔梨威に対して、周囲の登場人物たちが「(劇は終わりなのだから)もう演じなくていいんだよ」と告げると、魔梨威はそれに対して「みんなは演じてないの?」と問い返す。応答としてはやや唐突にみえる魔梨威の問いかけは、この入れ子構造の演劇と現実世界との双方を貫きながら、彼女たちがいくつもの水準でおこなっている「演じる」という営為を省みさせるものだ。

魔梨威が問うた「演じてないの?」とは、劇中の登場人物たちにとっての落語家役ばかりを指すのではない。そもそも、「落語家たちを主人公とする舞台を、架空のアイドルグループが上演していた」というこの劇中劇の構図は、キャストが現実世界で乃木坂46というアイドルグループの実践者であることを二重写しにみせる仕掛けでもある。だからこそ、ここで問われる「演じる」とは、その乃木坂46が日々アイドルとしてステージやマスメディア上でパフォーマンスすること、各種イベントやSNS上などでアイドルとしての体裁を整え立ち振る舞うことをも暗示する。あるいは、芸能人に対してはしばしば皮肉含みに、己を偽装した姿を見せているという意味で「演じる」という言葉が用いられることも考え合わせれば、ここで魔梨威が投じた「演じてないの?」が、きわめて多くの位相に対して向けられた言葉であることがわかる。

そしてこの作品は、アイドルである当人たちの主体的な営為に希望を託してみせる。魔梨威が投げかけた「演じる」ことへの疑義に対して周囲の登場人物たちは、「演じるというのは、嘘をつくことじゃない」「私たちはアイドルを選んで、演じることに決めた」と返答する。ともすれば「偽りの姿」としてネガティブに受け止められる「演じる」という単語の意味がこれらの台詞によって捉え直され、自らがパフォーマンスの担い手になることの決意が示される。ここに託される「アイドル」であることの矜持は、このジャンルが演劇的な性格をもつゆえに、虚構と現実世界とが重ね合わされた立体的な響きをもつ。もちろん、「演じる」は肯定的なだけの言葉ではありえない。同時に発せられる、「私たちは舞台を降りてからのほうが大変だよ」という台詞は、さまざまな水準で「演じる」役割を負う者が心身の両面にこうむる負荷の存在を指し示している。それらポジティブとネガティブの両面をあくまで虚構の水準で描き出し、それを実在の「アイドル」の身体をもってこその演劇として成立させたのが舞台『じょしらく』だった。

アイドルが体現する「有限の生」

舞台『じょしらく』はその後、さらに問いを拡張してみせる。『じょしらく』上演から一年後の二〇一六年、乃木坂46は続篇となる『じょしらく弐――時かけそば』を、前作と同じく渋谷の

AiiA 2.5 Theater Tokyoで上演した。

『じょしらく弐』が主題とするのは、われわれが「いつかは終わる存在である」という生命の根幹にまつわる事象である。そして同作はこの普遍的なテーマを、再度「アイドル」の身体を通してこなしうる仕方で上演する試みだった。すなわち、二〇一五年の『じょしらく』が、アイドルが「演じる」ことの意義と矜持を問おうとしたものであるとすれば、『じょしらく弐』はいつか消えゆくすべての人間の生の尊さを、刹那的な生の躍動こそを表現する者たちをキャストに据えることで訴えてみせた。

五人の女性落語家のキャスティングを一新して上演された『じょしらく弐』は、登場人物の一人、防波亭手寅(トリプルキャストで松村沙友理、桜井玲香、若月佑美が演じた)が五十年後の二〇六六年にタイムスリップすることからストーリーが動きだす。タイムスリップして五十年後の世界に降り立った手寅は、そこで仲間である他の四人の落語家たちに出会うが、半世紀を経たのちの世界であるにもかかわらず、四人はタイムスリップ前と同じ一六年時点の年格好のまま生きていた。話が進行するにつれて、これは四人がコールドスリープマシーンを使って五十年間眠っていたためであることが明らかになる。

ここで問題になるのは、四人とは異なりただ一人コールドスリープマシーンに入らなかった手寅が、二〇六六年の世界ではどうしているのか、ということだ。

二〇六六年の手寅は、生き物の宿命として歳を重ねて老年期を生きていた。そしてタイムスリップしてきた若い手寅は、残りわずかな余命を過ごすその「自分自身」と六六年の世界で対峙することになる。「現在」からやってきた若者としての手寅と、ごく自然に人生を生きてその終わりを目前にした六六年の手寅、そして六六年の世界でも若い身体を生きる仲間たち四人という立場の対照は、「アイドル」なる存在によって演じられることでことさらに際立つ。

アイドルというジャンルは、とかく若い生の躍動にこそ注目が集まりやすい。第6章で論じてきたように、そのジャンル的性質はとりわけ女性の「若さ」に価値を見いだしてしまうような、そしてそれと対になるように年齢の高さをからかったり自嘲したりするような、社会全体が温存しているエイジズムの身ぶりと結託し、その振る舞いを再生産している。『じょしらく弐』ではそうした現実世界を生きる者たちによって老いや生の有限性が演じられるからこそ、アイドルという特殊な職業の性質が照射され、同時に人間の生へのより普遍的な視野がもたらされる。前作に続いて作・演出を担当する川尻恵太が乃木坂46版『じょしらく』シリーズで一貫して描いたのは、アイドルが「演じる」ことでこそ強調できる、生の尊さだった。

『じょしらく弐』でそれがいっそう際立つのは、前作にも登場した架空のアイドルグループSUGARSPOTのライブシーンである。二〇六六年の世界ではSUGARSPOTもまた過去に存在したかつてのアイドルグループであり、すでに解散した設定になっている。六六年にいる五人の落語家たちは、その時点からははるか昔におこなわれたSUGARSPOTの解散コンサートを、「遠い過去の映像」として見ることになる。そして、『じょしらく弐』劇中では過去時制の一コマとして展開されるこの解散コンサートのシーンもまた、女性落語家役を演じる五人のキャストたちがそのままSUGARSPOT役を演じている。

この構造を整理すれば、現実世界で現役のアイドルグループとして活動する乃木坂46のメンバーたちが、架空のアイドルグループの「終わり」を「過去の記憶」として劇中で擬似的に上演していることとなる。生の有限性を否応なく突き付けるこの物語に、キャストたちの職能であるアイドルというジャンルの形式が導入されることで、生の普遍的な宿命やはかなさ、そのため刹那の尊さがパッケージされる。若い身体とは、単に「若い身体」そのものだけを表現するだけの存在ではない。いつまでもその身体のままこの世界に留まることができないという無常もまた、「アイドル」として日々パフォーマンスを続けながら現在を生きる彼女たちによって体現されている。それが決して悲観や自虐に着地するのではなく、あくまで生の得がたさをことほぐものであったからこそ、乃木坂46版『じょしらく』シリーズはアイドルによる上演のすぐれた成果になりえた。

「一生」の記憶

すでに失われてしまったものの在りし日の輝きが、まだ失われる気配などない演者たちの身体によって立ち上げられ、そしてその演者たちが本分とする「アイドル」という表現と二重写しになる。『じょしらく弐』でのSUGARSPOTのライブシーンが印象的なのはそのためだ。『じょしらく弐』を上演した二〇一六年の乃木坂46は、はからずもこのような生と死の遠近感を、彼女たちの身体を通して立て続けに舞台上に具現化させている。

『じょしらく弐』にも出演した乃木坂46の桜井玲香と若月佑美は、同年九月から十月にかけて品川プリンスホテル・クラブeXで上演された舞台『嫌われ松子の一生』に参加し、ダブルキャストで主演を務めた。山田宗樹による同名の原作小説（幻冬舎、二〇〇三年）や、中島哲也が監督を務めた映画版（二〇〇六年）などで広く知られる『嫌われ松子の一生』は、中学教師だった主人公・川尻松子が教え子の起こしたトラブルで理不尽に職を追われて故郷を離れ、そののち男性たちとさまざまに交わりながら流転していくさまを描いた作品である。

葛木英が脚本・演出を手がけ、桜井と若月が主演した二〇一六年舞台版では、作品冒頭ですでに松子の末路が観客に向けて示されている。開演前から、十字型の舞台後方には祭壇のような美術セットが設えられ、その背後に松子の肖像が掲げられている。そして、開演すると冒頭に演じられるのは、社会との接点を失って孤独な晩年を送り最期は凄惨に生を終えていく、弱りきった松子の姿である。そのため、次のシーン以降で時間を巻き戻して桜井や若月によって演じられる若き松子の人生に陰鬱な末路が待っていることを、受け手の誰もが知りながら物語は進行することになる。やがて松子が自分を肯定してくれるあてを求め、つかの間の希望を見いだしながら不器用にかつ純粋に男性たちの間を流れていくさまは、あらかじめ行く末が突き付けられているからこそ深い悲しさをともなう。

しかし、松子への丹念なレクイエムとなるこの物語は、すでにこの世から退場し顧みられなくなった者にも、希望や期待、絶望を背負って生きた人間一人分の生の記憶があることを物語ってくれる。ひとつの恋愛関係が破綻を迎えると同時に、若さゆえの行動力ですぐさま新たな相手との関わりと刹那の希望を求めて流転し続ける姿は、その末路が予告されているだけに痛々しいが、同時にまぶしい生の躍動でもある。

そしてこの公演で重要なのは、アイドルとして第一線に立つ桜井や若月によってこうした松子のライフスパンや生の記憶が上演されることの効果である。乃木坂46のメンバーたる彼女たちが松子の流転や加齢、その末路まで表現することで、彼女たちの身体にもまた、「アイドル」としての活動期間だけで完結するわけではない、一生分のライフスパンがあることが映し出される。この効果は、はからずも同年『じょしらく弐』で描き出されたものと呼応している。

これはまた第6章で橋本奈々未の言動を介して捉えてきた、「アイドル」以前や以後の人生をごく自然に地続きで捉えるような、ライフコース全体への想像力と相通じるものである。『嫌われ松子の一生』という物語を、アイドルという職能をもった者が演じることによる特異性は、こうした点にある。橋本が日常的な言葉や振る舞いからそれとなく人間のライフコース全体への想像力を喚起する存在だったとすれば、桜井や若月による『嫌われ松子の一生』は、とある虚構の人生を演劇に具現化することで、同質の想像力を提示してみせている。

虚像を投げかけられる身体

演劇作品を通じた乃木坂46の問いかけは続く。桜井と若月による『嫌われ松子の一生』の直後、同年十月に東京ドームシティのシアターGロッソで上演されたのが、乃木坂46の伊藤純奈、伊藤万理華、井上小百合、斉藤優里、新内眞衣、鈴木絢音、能條愛未、樋口日奈がメインキャストを務めた『墓場、女子高生』だった。劇団・ベッド&メイキングスの福原充則脚本・演出による上演がオリジナルだが、この乃木坂46版では劇団鹿殺しの丸尾丸一郎が演出を手がけ、自殺した女子高生・日野とその友人たちとの無為でかけがえのない日々、そして友人たちの思いによって生き返らされた日野が、再び死を選ぶまでが描かれた。

『嫌われ松子の一生』が、すでにこの世からいなくなった主人公の記憶をたどりながら鎮魂する構造をもっていたとすれば、『墓場、女子高生』はその死者の記憶を跡づける側、つまり生きている人々の側に視線を向け、「死者を記憶する」ことを問い返すものになっている。もとより、人生を終えた者の生涯を振り返って位置づけるのは、生をまっとうして死を迎えた当人ではなく、現在生きている他者である。したがって、すでにこの世にいない者の生や死をめぐるストーリーは、常に他者の解釈によって描かれることになる。

十代で死を選んだ日野（伊藤万理華）が眠る墓地。日野の墓前を遊び場にして集う彼女の友人たちは、日野が生きていたころと同じように他愛のないやりとりで時間を潰しながら、その実どこかで日野が自ら死を選んだことの重さをそれぞれに抱えている。やがて彼女たちのその思いは、オカルト的手法で日野を生き返らせるというエキセントリックな試みへとつながっていく。しかし、ついに日野が生き返り、友人たちと再びコミュニケーションをとることであらわになるのは、友人たちがそれぞれに己の頭のなかで育ててきた日野像が、あくまで思い入れによる勝手な解釈に基づいたストーリーにすぎないということだ。友人たちは日野の自死の原因を、生前の日野と己との関わりのうちに求めようとしてきた。けれども、それはあくまで他人によって投影された日野の虚像であり、日野の死の因果を他者が背負いきることなどできるわけがない。だからこそ、生き返った日野が友人たちに向けて告げるのは、「私が死ななきゃいけなかった原因に、みんなはなれない」という言葉である。

もっとも、『嫌われ松子の一生』で松子と関わった男性たちが、松子についての記憶を語ることによって彼女の痕跡を残しえたように、死者としての日野もまた、友人たちが彼女に思いを託し続けるからこそ存在する。『墓場、女子高生』は、死者の生を他者が解釈することがはらむ危うさと希望の両面を映し出している。友人たちの手によって生き返った日野はやがて、わずかな時間を彼女たちとともに過ごしたのち再び自ら命を絶つ。その自死の理由は、最後まで明かされない。日野の死を解読するための「正解」が示されないからこそ、残された友人たちにとって日野の死は、いつまでもそれぞれの解釈を投げかける対象であり続ける。

友人たちが日野に対しておこなっていたのは、いわば虚構の「日野」像を投影する営為である。

彼女たちは日野の死の理由をそれぞれの視野にとって都合よく、そして美しい記憶として解釈してみせる。物語の後半で、日野は友人たちそれぞれが思い描く美しい虚構の物語を語らせ、それを受け止めていく。ここで日野の姿と二重写しになるのは、演者である彼女たちが本来背負っている「アイドル」という立場である。彼女たちの職能は、そのパフォーマンスが受け手によってさまざまに解釈され、無数の虚像をその身に投影されるものとしてある。受け手が美しく解釈しようとするアイドルの虚像はどこまでも手前勝手なものにならざるをえないし、誰も彼女たちの「実像」など言い当てることはできない。けれどもまた、日野がまさにそうであるように、他者による虚像をいくつも喚起する存在だからこそ、いつまでも人々の意識にとどめられる身体になりうる。『墓場、女子高生』という秀逸な戯曲が乃木坂46によって上演される意義は、この点にこそある。

3　照射し合う生身とフィクション

あらためて、本章でみてきた作品群によって乃木坂46が体現し、示唆したものは何だろうか。『嫌われ松子の一生』と『墓場、女子高生』は、乃木坂46の長期的なキャリアの展望という水準でいえば、前年の『すべての犬は天国へ行く』の系譜を引き継ぎ、アイドルであることを前提にしない演劇へと手を伸ばす作品だった。そうした志向をもつ演劇企画を、あくまでアイドルグループ乃木坂46主導で展開することで、乃木坂46はアイドルグループという枠組みのなかで実現しうるエンターテインメントの幅を拡大しようとした。この試みは、乃木坂46の特色となって継続的になされていく。

しかし同時に、本来ならばスターシステム的な性格をもたないこれらの戯曲の上演は、実践者がまさに「アイドル」であることによって、作品が含む構造に不可避の影響を与えていく。「アイドル」の実践者である彼女たちはジャンルの性質上、若年期のある限られた期間のパフォーマンスにことさらに焦点が当てられる立場にある。生駒里奈が「サイレントマジョリティー」に関して語った際に意識していたように、それは若年期の表現であるだけに短期間ですぐさま移ろっていく。その意味では、時間がもつはかなさを体現できるのが、このジャンルの特質とはいえるかもしれない。しかしまた、現実を生きる身体としては、そのはかなさを最も体現できるわずかな時期にばかり、「アイドル」としての需要が集中しがちになっていく。けれども、「アイドル」として消費されるはかない時間の先に、生はごく地続きにつながっていく。

このとき、たとえば桜井玲香や若月佑美による「川尻松子」の上演は、輝かしい刹那を表現し続ける「アイドル」の甘美さだけが受容されることを許さない。生や死、老いまでを含み込んだ彼女たちのライフスパンを観る者に想像させる。あるいは、『墓場、女子高生』で伊藤万理華が演じる「日野」の死の理由を友人たちが思い思いに解釈していくとき、そしてそれらがことごとく事実などではありえないことを指摘しながらも日野が友人たちそれぞれの解釈を受け止めていくとき、その姿は「アイドル」としての職能を生きる彼女たちの営みをその背後に映し出す。

これらは戯曲そのものにあらかじめ埋め込まれた機能ではない。アイドルという職能をもつ人々によって、あらためて上演されることでこそ立ち現れた構造である。戯曲がもっている生へのまなざしが「アイドル」の身体を通じてより明確にされ、一方でともすればわずかな刹那にばかり重きが置かれてしまう「アイドル」というジャンルの傾向を、戯曲自身が相対化してみせる。そしてまた、こうしたライフスパンへの想像力をより直接的かつ自覚的に乃木坂46というアイドルに投影したコンテンツとして、川尻恵太が手がけた『じょしらく』シリーズがある。乃木坂46がトータルとして志向する演劇企画の試みは、現実世界の個々人のキャリアという観点からいうならば、彼女たちに「アイドル」活動の外側や長期的な芸能活動への足がかりをもたらすものである。そして同時に、「アイドル」としての彼女たちと劇構造とを不可分に溶け合わせながら、彼女たちについて「現在、アイドルであること」以上の想像力を、虚構の水準でも喚起する。

アイドルが「演じる」ことの意味を、乃木坂46の舞台演劇企画を経由しながら考えてきた。冒頭のトピックに立ち戻れば、アイドルによって日々パフォーマンスされる楽曲はそもそも、これら舞台公演と同じく演劇的な機構をもつものだった。川尻松子の生が桜井玲香や若月佑美の生き方そのものではないように、楽曲の登場人物もアイドル個々人そのものではない。また作家や演出家がキャストたちに松子のように実人生を生きることを指示しているわけではないように、楽曲上の人物もアイドル個々人の人生に押し付けられた生き方のモデルではない。そこで演じられる川尻松子という人物は、それを演じる者のパーソナリティと同一視できるものではもちろんなく、まずはフィクションの水準として捉えられる。彼女たちがアイドルという表現形態を通じて、楽曲中で体現する登場人物たちもまた、アイドルソングというフィクションで演じられる、いくつもの虚構の生である。本章序盤で「サイレントマジョリティー」への冷笑について投げかけたのは、そうした視点からの問いだった。

もっとも、その冷笑について「一見わかりやすい」とも書いたように、演じられる人物像とパフォーマーの人格とを重ね合わせやすいのもまた、アイドルというジャンルの特性である。フィクションの人物を楽曲として表現しながら、そこに否応なく「アイドル」という芸能ジャンルを生きる当人の個がにじみ出す。水準が本来異なる、フィクションと当人のパーソナリティや身体が重ね合わさって見える、パフォーミングアートとしてアイドルの基本的な性質のひとつがここにはある。

けれども、アイドルの演技に当人のパーソナリティがにじむことは、たとえば若さを若さとしてしか表現につなげられないことを示すわけではない。一方では若さに基づいた身体の躍動が消費されていく立場だからこそ、彼女たちが生身の身体を通じて老いや死を体現することで、若さの背景にあるライフスパンを映し出す可能性が開かれる。あるいは、アイドルの楽曲としてレジスタンスの若者を演じる瞬間も、恋する少女を演じる瞬間も、そのつどアイドル当人のパーソナリティとフィクションとが共鳴しながらひとつの人物像を描き出し、互いを照らし合う。アイドルがある虚構を「演じる」ときに現出するのは、そのような生身とフィクションとの緊張関係である。演劇性に対してこまやかに向き合いながらコンテンツを生み出し続け、種をまき続ける乃木坂46の営みは、アイドルが「演じる」ことの可能性を、いくつものかたちで示している。

終章

戦わされる時代を超えて

1　アイドルのプロフェッショナル性

本書は、「演じる」を補助線にして、大きな有名性をもつアイドルグループの性質をすくい取ろうとしてきた。その前提には、アイドルという存在がこの社会において独立した職能としてみなされにくいという現状認識があった。

アイドルというジャンルがとかく中途半端な職として捉えられやすいのは、従来の意味における専門性を有していないと考えられがちだからである。二〇一九年三月八日放送の日本テレビ系『アナザースカイ』で密着取材を受けたのは、乃木坂46メンバーの齋藤飛鳥だった。番組中、齋藤は自身の活動を語るなかで、「色々やらせてもらっているけどどれもそれを本業にしてる方には絶対にかなわない状態でお出ししてるから」「申し訳ないとかダメだなぁみたいな気持ちが強く思っちゃうから」と口にする。特定のジャンルを「本業」にする人々に対して、アイドルがいわば非専門家であるというこの自己言及は、アイドルシーンのトップランナーとして生きる実践者自身の言明であるだけに重い。

この齋藤の言葉は、本書冒頭で引用した「アイドルという肩書きがあると、いろんなことができる」「でもその反面、やってみたい仕事にそれぞれ本職の方がいる」「アイドルって肩書きがあることによって評価してもらいづらい」という、橋本奈々未による考察に呼応する。特定の既存ジャンルの従事者を「本職」と捉え、それとは対照的にアイドルがどこまでも専門家たりえないというこのイメージは、アイドルに対する社会的な評価と実践者の実感とが相まって再生産され、アイドル当人に内面化されてきた。

本書がおこなってきたのは、ひとつにはそうしたステレオタイプを再考することだった。つまり、「本職」とされやすい専門性とは位相の異なる職業的性格を、このジャンルのなかに見いだして整理しようとしてきた。そうした模索なしには、アイドルという文化の今日のありようを十全に評価することはできない。この終章では、ここまで検討してきた事象からどのような文化的性質が導かれるのかをまとめ、アイドルという職能のあり方を捉えてみたい。

ただしそれはまた、アイドルというジャンルそのものに対する楽観的な賛美ではありえない。二〇一〇年代の女性アイドルシーンを特徴づける価値観を振り返れば、実践者たちの人格にどのような負荷をかけてきたかについて無関心でいることは難しい。第6章から第7章にかけての議論は、アイドルシーンの慣習がいかに抑圧的な構造をともなってきたか、社会全体が温存する旧弊を反映してきたかを確認するものでもあった。乃木坂46はそうしたただなかにありながら、そのようなアイドルシーンに順応するよりも、むしろ戸惑うような振る舞いを示してきた。

こうした対峙の仕方からは、従来の慣習を疑ってみせるような新しい価値意識の胎動をうかがうことができるのではないか。本書の締めくくりにあたって、そんな観測を試みたい。

「大量生産品」の自覚

齋藤が「色々やらせてもらっている」と同時に「どれもそれを本業にしてる方には絶対にかなわない」と認識するような今日のグループアイドルの性質は、AKB48によって整備されたといっていい。AKB48グループもまた非熟練的な存在としてたびたび表象され、今日でもそのように認識されることは多い。

もっとも、単一のジャンルへの専従こそを洗練として認識するような、ある意味で素朴な「表現者」観を相対化するような視座は、AKB48の台頭によってグループアイドルシーンが活性化していく二〇一〇年代初めにすでに見いだすことができる。秋元才加らAKB48メンバー出演による音楽劇『ACT泉鏡花』(二〇一〇年)を手がけた舞台演出家の加藤直が次のように語るとき、グループアイドルの「非専門家」的イメージに、別の側面から光が当てられる。

彼女たちは単独で売り出される従来のアイドルと異なり、集団の中で絶えずしのぎを削っているだけに、過酷な状況への対応力はすさまじい。『ACT泉鏡花』のけいこ中、一日で三曲分の振り付けを詰めこんだときがあったけど、翌日には全員完璧に踊ってみせた。普通の役者なら一日一曲覚えるのも難しいはず。彼女たちは、大量生産される商品としての自覚があるぶん、クールなたくましさを持っているんです。

（「映画監督、舞台演出家、アートディレクターに聞く　人々がAKB48にひかれる理由」「日経エンタテインメント！」二〇一一年三月号、日経BP社）

加藤が彼女たちを評する「大量生産される商品」という表現だけをとってみれば、いかにも芸能者としての凡庸さを示すようなドライな響きである。ただし、ここで「大量生産される商品」の特徴として指摘される対応力は、まさに日々さまざまな場にそのつど順応しながらアイコンとして立ち回る、アイドルという職能の性格を言い当てたものだ。

彼女たちは多岐にわたるメディアでアイコンを演じることを強いられる立場だからこそ、そのつどインスタントな適応にならざるをえない。しかし、二〇一〇年代のグループアイドルの性質を予見するようなこの加藤の言及において重要なのは、実際に「大量生産品」であるかどうかそれ自体ではなく、彼女たちが自らを非スペシャリストとして自覚しているという自己認識についての指摘である。加藤が指し示したのは、彼女たちが何か既存ジャンルの「本職」ではないと自認するからこそ生じる、特有の強靭さだった。

本書では歌やダンスだけに還元されない間口の広い自己表現の模索のフィールドとしてAKB48や乃木坂46といったグループを捉えてきたが、各メンバーが世の中のさまざまなジャンルに浸透し、それぞれにアイコンとして参入できることは、「大量生産される商品」とみなされることの別側面でもある。齋藤や橋本が自らを「本職」と異なる立場として語るのも、「大量生産される商品としての自覚」と源泉を同じくしている。個としての自らは特別な卓越性をもっておらず、アイドルグループの一員という属性によって特別な場を得ているという、まさにドライな自己評価がそこにはある。自身が有名性が高いアイドルグループに所属しているからこそ多くのジャンルにアプローチできるという認識は、先の齋藤や橋本に限らず、二〇一〇年代のグループアイドルの当事者にしばしばみられるものでもあった。

他方、そうした職業的性格の別側面、すなわちひとつの職に専従するのとは異なる仕方でインスタントに適応する力が涵養される点にこそ、加藤は「クールなたくましさ」を見いだしている。「アイコン役を担う」ことをアイドルの職能として捉えようとするとき、この視座は重要な導きになる。

「プロフェッショナル」の位相

アイドルとしてのそうした実践を追った記録は、乃木坂46が制作するコンテンツの内にも見いだせる。第4章では、乃木坂46が開拓した個人PVというコンテンツを考察した。個人PVは、メンバーそれぞれが作品ごとに俳優、楽曲のパフォーマー、モデルなど多様な水準のアイコンをそのつど演じ分けてみせるジャンルレスのショートフィルム群である点で、アイドルという職能全体を一風変わったスタイルで総覧してみせる縮図だった。

そのなかで、二〇一七年リリースのシングルCD『インフルエンサー』に収録された生田絵梨花の個人PV「スケジュール！」は、ごくオーソドックスな作りのドキュメンタリーフィルムである。何か虚構のキャラクターを「演じて」みせるような仕掛けはなく、乃木坂46の個人PV群の内にあってはシンプルな趣向の作品といえる。ただし、そこにはアイドルとしての職能、すなわち水準が異なる複数のジャンルを横断しながら、そのつど演者として即時に適応してみせる者の姿が刻印されている。

個人PV「スケジュール！」では、乃木坂46のシングル表題曲の撮影と、赤坂ACTシアターほかで上演されたミュージカル『ロミオ&ジュリエット』出演とを生田が掛け持ちする二〇一七年二月のある刹那が切り取られている。ミュージカル出演を終えた生田が直後に乃木坂46の撮影場所に向かい、短時間で新曲の振付を習得しながらミュージックビデオの一パートを撮影するさまは、先の加藤直がAKB48メンバーに見いだした対応力と同型のものである。もちろん、このドキュメンタリーが強い説得力をもつのは、生田が乃木坂46の中心メンバーであり、同時にグループのなかでも大劇場のミュージカル俳優への道に先鞭をつけた人物だからではある。とはいえ、このようなジャンル横断的な掛け持ちは、生田でしかありえないものではなく、他の乃木坂46メンバーにも大なり小なり共通するものだ。

複数の場でアイコンとして立ち回り、所属グループの基盤的な活動でさえしばしばインスタントな適応が求められる。そうした日々を常態として引き受けるのが、アイドルの一面である。五分間あまりのこのドキュメンタリーは、単一の既存ジャンルを専業とするタイプの芸能者とは異なる、アイドルという職能の一片を切り取っている。

さらに見逃してならないのは、アイドルがインスタントな適応を求められ続ける職能なのだとしても、彼女たちはその営みを通じて、「非熟練者」にしかなりえないわけではないということだ。自己表現の模索のためのフィールドでアイコンを演じ続ける彼女たちは、ときにそれぞれが専門性を探り当てる。生田絵梨花が帝国劇場で上演される『レ・ミゼラブル』『モーツァルト！』などのミュージカルで継続的にキャストの座を手にしていることは、その最も理想的な具体例である。ことに二〇一九年は生田をはじめ、桜井玲香や井上小百合、衛藤美彩らグループの礎を築いてきた人物が相次いで東宝制作のミュージカルの主要キャストに選ばれ、乃木坂46のメンバーが俳優としての地歩を固める、ひとつの象徴的な年でもあった。

また、アイドルというジャンルが、従来の意味での専門性とは異なる位相のプロフェッショナル性をもつとすれば、アイドルたる彼女たちの舞台への進出は、しばしばイメージされやすいような、非熟練者から熟練者への進化という単線的な構図で捉えきることもできないはずだ。もちろん、いずれかの段階でグループを離れ、演劇であれ音楽であれ従来想定されているような「専門」性にポジションを得ることは芸能者のライフコースとしては自然であり、リアリティとしては妥当なのかもしれない。本書も、アイドルという営為自体に、「アイドル以後」の人生のステップを模索する機能が埋め込まれていることを前提にして論じてきた。しかし、それはアイドルのプロフェッショナル性が、それら「アイドル以後」に選択される各種ジャンルと比べて劣位にあることを示すものではない。

上演者であること

舞台演劇や映像、ファッションモデルなど、アイドルがジャンル横断的にさまざまな分野で適応力を発揮するのだとしても、それぞれのジャンルにおいて彼女たちはひとまず、「アイドル」という他ジャンルからの越境者として認知される。では、このとき彼女たちの本分とみなされる「アイドル」というジャンルそれ自体の内では、彼女たちは何を演じていたのか。あるいは、彼女たちの「演じる」はどのような性格のものなのだろうか。

乃木坂46の演劇性から派生した表現として第8章では、欅坂46のパフォーマンスを取り上げた。欅坂46が群像として体現してきたのは、楽曲ごとに託された虚構の物語でロールを演じることだった。乃木坂46が一貫して保ってきた演劇への志向を、欅坂46は「アイドル」の基盤的な活動とみなされる楽曲のパフォーマンスにより直接的に託してきたのだといえる。また、生駒里奈が欅坂46の代表曲「サイレントマジョリティー」を上演した際、自身のパーソナリティと楽曲世界との不一致を率直に語っていたように、上演する内容とパフォーマーの人格とが必ずしも共振していないことは、アイドル自身によってしばしば明言される。あらためて言葉にすればきわめて素朴なことだが、楽曲のなかで描かれる虚構の物語の一人称がパフォーマー自身の実感と合致するにせよしないにせよ、演者のパーソナルな心理とはさしあたり独立した表現として楽曲はある。

それでも、欅坂46の表現はパフォーマーの内面と楽曲との連関を託されやすい対象としてあった。楽曲が描く物語や人物像と演者の内面とを一致させ、そこに演者の「主体性」を見いだすような心理主義が欅坂46にはしばしば託され、またそのなかにはいくぶん素朴に「アイドル」と「アーティスト」とを二分するような視座がともなわれていた。第8章でみたように欅坂46の平手友梨奈が、「圧倒的な存在感や破格のポテンシャルによって、ある意味で、必要な曲を呼んでいる」「自分たちの現在と未来にとって必要な楽曲を「書かせて」いるのではないか」と評されるのは、欅坂46や平手に楽曲世界と演者のパーソナリティとが直結するような「アーティスト」性を受け手が見いだそうとするためだ。

しかし繰り返すように、自作自演や楽曲と人格との一致に紐づいた「アーティスト」観に基づいて、「アイドル」と「アーティスト」を相反するものとして分かつ、あるいは「アイドル」を表現として下位に置く視座はいささかナイーブであるか、少なくとも今日アイドルという表現形態を評するに適したものではない。

今野義雄が乃木坂46のアートワークについて語ったインタビューのなかには、一九七〇年代以降を概観して述べる次のような一節がある。

やっぱり七〇年代、八〇年代のトップスターというのは、その当時の最高のクリエイティブをやっていた。アイドルというのは昔から、総合芸術としてクオリティの高いものをやっていたんですよね。いつの間にか、バンドブームがあったり、「アーティスト」の時代になり、「アイドル」って言ったら中途半端なものみたいに思われる時代がありました。でも海外で言えばマイケル・ジャクソンやマドンナがアイドルだったわけで、それがやっぱりメジャーとしての最高峰。そこを目指さないとな、くらいの気持ちですよね。（前掲「ＭｄＮ」二〇一五年四月号）

補足すれば、一九八〇年代までの「アイドル」の活況ののち、九〇年代に「アーティスト」——自作自演に基づいて演者の内面の発露に直結するものとしての作品にこそ価値が置かれる——の時代が到来したことを、今野はここで回顧している。のちに九〇年代が「アイドル冬の時代」というフレーズで時折言及されたのも、そうした状況を踏まえたものである。その価値観が主導した時代にあって、アイドルは「中途半端なもの」と思われていたというのが、九〇年代初頭から日本のレコード会社に従事してきた今野の体感である。

だが、今野が総合芸術という言葉をいみじくも使っているように、アイドルというジャンルのクリエイティブは、実作者と演者の一致を原則とする楽曲だけに主導されるものではない。実践者であるアイドル自身にとって自己表現を模索するフィールドであると同時に、演者としてのアイドルのパフォーマンスに呼応して、楽曲面やビジュアルのアートワーク面、コンテンツ全体の機構を組み立てる側面までを含んだ総合的なデザインがアイドルというジャンルの本体である。

そこでは、楽曲制作や振付を担当するクリエイターとは基本的に独立したパフォーマーとしてアイドルの職能が存在する。個別楽曲のレベルでアイドルの「主体性」を見いだすのならば、それはパフォーマーとしての立ち振る舞いにおいて看取される。欅坂46のデビューシングル『サイレントマジョリティー』に収録された楽曲群は、それぞれ登場する一人称のキャラクターや世界設定に関していえば統一感はなかった。しかし、アイドルがそのつど虚構の作品世界を体現する者として立ち回る存在であることを確認するうえでは、一人称の役柄（＝心理）に統一感がないこと、すなわち虚構と演者の「主体」とがイコールで紐づいていないことのほうが、ここでは重要である。

2 グループアイドルの「物語」を問い直す

虚構の〈外側〉をみせるアイドル

また、ややクローズアップする位相を変えてみれば、アイドルが「演じる」ことは、虚構内の登場人物のロールを演じるという水準にとどまらない、多重的な意味を含んでいる。

ライター・物語評論家のさやわかは、シベリア少女鉄道とチェルフィッチュという、一見作風が大きく異なる二つの劇団の作品を示しながら、その二者の共通項を「演劇をやっている行為をやっている」点に見いだしている（さやわか『キャラの思考法——現代文化論のアップグレード』青土社、二〇一五年）。これは、舞台作品で戯曲上のストーリーや登場人物の役柄が演じられていること以上に、演者がたったいま「演劇をしている」という行為そのものの上演に大きな意味が置かれていることを指す。

たとえばチェルフィッチュの作品『三月の5日間』（作・演出：岡田利規、二〇〇四年初演）では、いかにも「リアル」な若者らしい台詞回しや身ぶりがことさらに強調されることで、上演されている物語の水準以上に舞台上の人々の「演技をするという行為」そのものにこそ焦点が当たる。あるいはシベリア少女鉄道の作品『ステップアップ』（作・演出：土屋亮一、二〇一二年）では、戯曲上のストーリー（らしきもの）にちりばめられた伏線を、作品の後半になって役者たちがどうにか回収しつじつまを合わせるために汲々とするさまが上演される。いずれの作品も、虚構の物語自体の上演ではなく、演者自身が「演技という行為をしている」さまをこそ受け手に意識させる構造をもつ。

ここで思い起こすべきは、第9章でみた乃木坂46の演劇『じょしらく』である。『じょしらく』では当初、五人の落語家を主人公にしたストーリーを展開しているように見せながら、作品の展開にともなって「五人の落語家を主人公とする舞台を、架空のアイドルグループが上演している」という構造だったことが明らかになる。この時点では、メタ的な構造はまだあくまで戯曲上のものである。

しかし、登場人物の一人の自己認識が「落語家」なのか「アイドル」なのかで揺らぎ、周囲のキャストに向かって「みんなは演じてないの？」という言葉を発するとき、そこで問われているのは、

「架空のアイドルが落語家役を演じていた」という物語上の位相ばかりではない。この『じょしらく』という作品のキャストが、物語の〈外部〉の現実世界ではアイドルであり、実社会のなかでさまざまな水準で「演じている」身体であることまでもが、この問いの瞬間に強く意識される。

これは、戯曲そのものに内在する効果ではない。『じょしらく』を体現したキャストがほかならぬアイドルグループ・乃木坂46のメンバーであるからこそ、物語の〈外部〉の現実を作品の背景に見いだすことができる。

現実世界のアイドルという職能の性質が、演劇作品を媒介にして照射されるという現象は、同じく第9章にみた『墓場、女子高生』にもうかがえた。伊藤万理華が演じる主人公・日野に対して周囲の登場人物たちがおこなっていたのは、自分にとって都合よく、また美しい記憶として成立させられるような、虚構の「日野」像を投影することだった。これもまた、戯曲上の展開でありながらも、同時に物語の〈外部〉でアイドルとして彼女たちが担う職能を意識させるものである。乃木坂46はこうした虚構の物語を演じることを通じて、その背後に〈外部〉としての現実世界があることを暗示し、アイドルが「演じる」ことの重層的な意味を自己言及的に上演してきた。

物語化された現実

さやわかによる前述の議論は、現代演劇について論じるその先に、虚構を演じる存在として二〇一〇年代のアイドルを視野に入れている。同じ論考のなかで、アイドルについて「歌詞に書かれている内容が必ずしも自分たちの実感に基づいていないことを公言」し、「担当する役割に自覚的」であるような存在として捉えているが、これはここまで論じてきたようなアイドルの職能に関する視座と合致するものだ。そのうえでさやわかは次のように観測する。

もっとも、今日のアイドルカルチャーで人気を集めているのは、役割を演じるために彼女たちがどのような努力を重ねているかという言わば舞台裏である。それはつまり役者たちの、とりわけ内面的な成長が重視されているようにも見える。しかしよく見るとそれらの内面ですら、ドキュメンタリーやリアリティショー的に設えられ物語化された現実、もしくは現実化された物語である。

（前掲『キャラの思考法』）

ドキュメンタリー的に人格そのものが「物語化」されコンテンツになる環境もまた、AKB48の浸透によって女性アイドルシーンの標準的な風景になった。その環境に順応することで、パーソナリティ込みで自己表現につなげる契機が開かれていくことは、AKB48の特徴のひとつでもあった。ただし、本書第6章での議論を振り返れば、高橋栄樹がAKB48について「明らかに競争の世界で、ある種の男性的な原理のもとで戦わないとやっていけない部分が多々ある」と語っていたように、そのフィールドに立つには、「競争」ないしは「戦場」が常態となった場を受け入れなければならなかった。メンバーの選別そのものがコンテンツとして目的化された「選抜総選挙」などのイベントなどは、そのシンボリックな例といえる。

さやわかが論じるように、それが「物語化された現実、もしくは現実化された物語」であるとすれば、グループのメンバーとして活動することはある程度まで、現実のなかに設えられた「物語」のなかで「戦場」にコミットするロールを「演じる」ことである。

そして本書でみてきたのは、乃木坂46が「戦場にコミットする自己」を演じることを明らかに不得手にしてきたということだった。ここで考えたいのは、「戦場にコミットしない」という一見消極的な振る舞いこそが、乃木坂46のアイドルとしてのアティテュードを、さらには新たな価値観の芽生えを物語っているのではないかということだ。

「社会の縮図」の帰結

第7章でAKB48が築いてきた自己表現の場について記述する際、あえてエンパワーメントという言葉を用いた。アイドルという枠組みのなかで彼女たちがおこなう文化実践やその成果を等閑視しては、まさにアイドル自身の「主体」的な活動を捉えそこねてしまうためだ。NMB48の吉田朱里などを例にとってみたのは、有名性が高いグループに所属することの利点を生かしながら、歌やダンスなど「アイドル」の本分とされる分野に限らない、己の適性を開拓してみせる姿だった。そうした自由度の高いフィールドは、AKB48によって二〇一〇年代に顕現し、多くのメンバーがその場をいかに利用しうるかに身を賭し、彼女たちのその姿が支持されていった。

もっとも、それを素直にエンパワーメントと呼びがたいのは、各人のパーソナリティの序列化そのものがコンテンツになり、またおよそ「自由」な生き方の表現とは遠いジャンル特有の振る舞いの規範がこのフィールドに埋め込まれていたためである。そうした「戦場」にコミットする道を経由してこそ、AKB48グループでは「主体」的な姿を明確に示すことができた。

もちろん、アイドルたちの「主体」的な実践を肯定し称揚することは、彼女たちが置かれた構造がもつ抑圧性や、高橋栄樹がいうような男性原理的な性格を不問にすることを意味しない。彼女たちの文化実践とその環境がはらむ構造を問うこととは、現在のアイドルというジャンルを考えるうえで両輪としてあるべきだろう。

ところで、序列のコンテンツ化を必須とするようなこの機構に関して、二〇一〇年代が始まったころにはまだ、希望や可能性を託すような観測が一定の説得力をもっていた。AKB48初の劇場用ドキュメンタリー映画を手がけた寒竹ゆりは自身の監督作品にふれながら、序列のコンテンツ化を含み込んだグループのあり方に次のような「魅力」を見いだす。

下位メンバーは「人気がない」という残酷な状況を、あの年齢でシビアに理解している。北原里英さんは作中で自分のベストな立ち位置を「前列の一番端っこ」と言っているけれど、そのセリフは「トップにはなれない」という挫折を経て出てきた答えであり、組織の中でこそ得られる意識。つまり、四十八人そのものが社会の縮図なんです。だからこそ、彼女たちの場合は考えている様も表現対象になりうる。その姿はそのまま、社会に生きる人間すべての葛藤と成長を体現しているんです。

（前掲「日経エンタテインメント！」二〇一一年三月号）

寒竹は、ヒエラルキー構造までを含んだAKB48のありようが「社会の縮図」であるがゆえに、そこにオーディエンスの人生にも通じる普遍性を見いだすことができるという見立てを示している。この感覚は、二〇一〇年代前半に語りが活発になされ、「AKB論壇」とも呼ばれた環境下でもある程度共有されていたものといっていい。

しかし、「社会の縮図」の具現はそののち、楽観的な希望を託しうるような未来を描かなかった。寒竹のあとを受けてドキュメンタリー映画を立て続けに手がけた高橋がまさに映し出してきたように、AKB48は恣意的に競争や事件をあおるようなヒエラルキー構造を用意することで、メンバー各人にスポットを当てようとする。そうした道具立てによって、メンバーたちのパーソナリティそのものが大きなコンテンツになった。それは各人の自己表現を模索する場を生み続けると同時に、メンバーたちを翻弄し疲弊させる理不尽さをも不可避に生み続けた。

それが「社会の縮図」であるならば、社会全体が抱え続ける理不尽も差別も抑圧構造もその「縮図」のなかに映し出したといえるのかもしれない。その理不尽さをも含み込んで「戦場」でファイティングポーズをとりながらおこなわれるプレイヤーたちの実践が、見る者たちをなにがしかの意味で励ますであろうこともまた想像にかたくない。先にエンパワーメントという言葉をあえて用いたが、その契機はたとえばこうした環境と交ざり合ったところにある。

しかし、アイドルたち当人の人格を依り代として紡がれるそのストーリーは、さやわかが言及するように「物語化された現実」である。「戦場」でときに疲弊するメンバーたちの姿さえ、ともすれば美談として消費されていく。自己表現を模索するためのフィールドのなかでそれぞれが道を開拓していくことは、恣意的に設えられた「社会の縮図」にコミットすることと不可分だった。そこでは、アイドルとして生きる彼女たちの身体が、「戦場」として物語化された現実を引き受けていくことになる。

そして乃木坂46は、この「戦場」へのコミットを明らかにためらってきた。

「戦場」にコミットしないこと

第5章から第7章までを通して描いてきたのは、乃木坂46がいかに「競争」あるいは「戦場」に対して順応できず、戸惑いをみせてきたかということでもあった。

もっとも、ＡＫＢ48グループと同じく定期的に「選別」されることが活動に組み込まれた多人数グループである以上、乃木坂46もまた原則的には「戦場」の基本枠組みを受け入れざるをえない。しかし、たとえば第5章にみるように、乃木坂46のドキュメンタリー映画として制作された『悲しみの忘れ方　Documentary of 乃木坂46』にうかがえる彼女たちの振る舞いは、アイドルシーンのルーティンに心理的に距離を置き、それをあくまで異界として眺めるようなものだった。あるいは、

第7章でとりわけ生駒里奈の語りを中心にして抽出したように、乃木坂46のメンバーたちはセンターポジションに選抜されることや、そもそも「選別」を受けることに対して、消極的なスタンスをみせ続けてきた。少なくとも、ルーティンとして繰り返される選別に関わりながらも、それを「競争」として特徴づけようとしてはいないようにみえる。

あるいは、乃木坂46を世に知らしめてきたテレビ番組の推移から、そのスタンスに通じる傾向を読み取ることも可能だろう。乃木坂46結成以降、今日に至るまでテレビ東京系で制作されてきた冠番組『乃木坂って、どこ?』と後継の『乃木坂工事中』は、グループのテレビメディアの看板番組として放送が続けられている。この番組は、メンバーのパーソナリティを世に認知させる役割を果たすと同時に、楽曲リリースやライブ活動などグループの基盤的な活動に連動しながら企画を組んできた。たとえば、乃木坂46がシングルCDをリリースする際には、実質的にこの番組が表題曲選抜メンバーを公式にアナウンスする場所になっている。

選別そのものがコンテンツ化し、ヒエラルキー構造を含み込んだ「社会の縮図」がグループとしての表現と不可分に結び付いてきたAKB48グループ主導のアイドルシーンにあって、乃木坂46もデビュー以来、ごく当たり前に冠番組の一回分を使って選抜メンバーの発表をおこない物語化してきた。それは「AKB48の公式ライバル」あるいはシャドーキャビネットとして、きわめて自然な選択だっただろう。

しかし、選抜メンバーを初公開する役割を担ってきたテレビ番組『乃木坂工事中』は、乃木坂46

の十六枚目シングル『サヨナラの意味』の選抜メンバー発表以降、番組中に占める選抜メンバー発表パートの割合を如実に減らしていく。

同番組は従来、放送一回分すべての時間を選抜メンバー発表にあてることを慣例にしてきた。しかし二〇一六年最後のシングル『サヨナラの意味』や、続く一七年最初のシングルとなる『インフルエンサー』を含め、以降のシングル発売に際しては、他のバラエティ企画を番組全体のメインとした放送回の終盤に、短時間でメンバー構成を紹介することが多くなる。十六枚目から二十五枚目までのシングルリリースのうち番組全体を用いて選抜発表したのは二度のみ、特に二十一枚目シングル以降はいずれも番組終盤での短時間の発表にとどまっている。仮に、選別のエンターテインメントがいまだ前景化し、「戦場」や「社会の縮図」にこそグループアイドルの価値を見いだすのであれば、その最大の契機である選抜発表をこのように扱うことはいかにもそぐわない。

もっとも、ここで番組を制作する側が「戦場にコミットしない」ことを意図して選抜発表のウエートを減らしたのだと述べるつもりはないし、どのような意思決定のもと番組構成が推移していったのかはもとより知る由もない。コンテンツの指針がある方向に定められていく理由は常に複合的である。ここでみるべきは、そのように現象として選別の物語化を後退させ、「戦場」から次第に距離をとっているかにみえるグループが、社会のなかでどのような位置を占めるようになったかである。

先にあげた十六枚目シングルから二十五枚目シングルの活動期間は、おおよそ二〇一六年終盤から二〇年前半にあたる。この間、乃木坂46はそれまでこのグループがもちえなかった規模の認知や支持を獲得し、スタジアム規模のライブを三、四日間連日開催することを恒例とする、日本でも稀有なアーティストに成長した。マスメディアでの露出もかつてないほど頻繁になり、さまざまな水準で「アイコンを演じる」機会が最も多いグループになった。またこの期間、一七年と一八年には二年続けて日本レコード大賞を受賞している。

換言すれば、乃木坂46の「戦場にコミットしない」姿勢が明確になっていった時期は、グループとして大きな支持を獲得し、社会に大きなインパクトをもたらしていく時期と共振している。もちろんこの傾向もまた、安易に一対一の因果関係で結ぶことは控えるべきである。乃木坂46が発信するコンテンツのうち、本書はごく一部しかふれてはいないし、それらコンテンツの総体のうちに含まれる種々のクリエイティブへの評価なしに、グループのトータルの像を描くことはできない。

しかし少なくとも、「戦場」に対してのためらいを隠さないアティテュードは、グループへの支持の低下をもたらさなかった。その意味では「競争」を前面に押し出すような「社会の縮図」を、グループアイドルの標準装備とする必然はなくなっている。

〈少女〉の表象を超える

「戦場」に大きな比重を置かない乃木坂46のあり方は、はじめから明確だったわけではない。二〇一一年夏に「ＡＫＢ48の公式ライバル」という看板を背負って結成され活動を開始したことを考えれば、乃木坂46は一〇年代を通じてメジャーシーンのアイドルグループとして存在し、AKB48グループの興隆に伴走していたことになる。繰り返すように、ルーティンとして選別がおこなわれることは結成の時点から活動に織り込まれており、その基本枠組み自体は現在でも変わっていない。したがって、乃木坂46というグループの構造の内側に「社会の縮図」の物語化を読み込むことはたやすい。

けれども、その枠組みを前提として引き受けながらも、ルーティンとしての「選別」にどのような態度を示すか、あるいはどのように価値づけるかという営みのなかに、乃木坂46のスタンスは見て取れる。

ドキュメンタリー映画『悲しみの忘れ方』が映し出したのは、「戦場」にためらいがちに対峙する活動初期の彼女たちの姿だった。あるいは、選別の物語化やエンターテインメント化の象徴といえる選抜発表を晴れがましいものとしてではなく、つらい時間として語っていたのは、まさにセンターに選ばれ続けていた生駒里奈にほかならなかった。第7章でみたように、生駒はやがて「一生懸命みんながセンターを目指す」主流のアイドル像に対して「本当にそれだけが正しいアイドルなのかな」と問いを投げかけ、ヒエラルキー構造を相対化してみせる。やがて、乃木坂46が提供するコンテンツのなかで選抜メンバー発表そのものの比重は小さくなっていく。それが二〇一〇年代の後半から終盤にかけて、乃木坂46が整えてきた基調である。

グループ自らのスタンスがゆるやかに定められてきたこの時間経過はまた、演じる身体というレベルでも乃木坂46の特徴を形作っていく。第8章でみた欅坂46のデビュー曲「サイレントマジョリティー」を上演した際の生駒の言葉を再度顧みれば、彼女が自分たちと楽曲との間に感じていた距離感とは、いわば〈少女〉を表象することへの距離感だった。生駒が「十代の子が歌うからこそ、あんなにキマるんだと思うんです。欅坂46がやる『サイレントマジョリティー』はレジスタンスなんですよ。でも、私たちは「過去にレジスタンスだった人たち」にしか見えない」と説明するとき、彼女が見据えていたのは、表現する身体として乃木坂46がすでに〈少女〉の表象とは異なるフェーズを迎えているということだった。

そして、乃木坂46が社会的に大きな支持を受けるようになるのは、まさにその〈少女〉の表象とは異なる姿をグループの中心メンバーたちが獲得する時期である。

先の生駒の言にある「サイレントマジョリティー」の上演は二〇一六年のこと、乃木坂46がいよいよトップグループとしての立場を手にし始め、翌一七年にはグループ初の東京ドーム公演と日本レコード大賞受賞を経験する。乃木坂46が社会的なプライムタイムを手にしたこの時期、グループの中心を担うメンバーたちは大半が二十歳代前半から半ばを迎えている。第6章でみたように、橋本奈々未は白石麻衣や松村沙友理、衛藤美彩らの名前をあげながら、少なからぬメンバーが一一年の結成当初から卒業を意識して活動してきたことを語っていたが、その白石らが何年ものキャリアを重ね、パフォーマンスの中枢を担った一〇年代後半の乃木坂46にとって、〈少女〉の表象にとどまらない表現こそがグループを代表するアウトプットになっていた。学校の教室内での少女同士の親密な空間を描いた一二年のデビュー時の代表曲「ぐるぐるカーテン」と、コンテンポラリーダンスを基調にした演舞とともに他者との普遍的な共鳴を歌う一八年の「シンクロニシティ」や一九年の「Sing Out!」との間には、群像表現として円熟の道のりを歩んだ歳月を見て取ることができる。リリース楽曲に関していえば、乃木坂46は後者の志向性をこそグループの代表的な表現スタイルにしつつある。

もとより、概して女性アイドルは〈少女〉の表象をこそ体現するものとみなされやすいジャンルとして存在してきた。同じく第6章でふれた、年長メンバーが〝高齢〟であることをからかわれたり自虐的に言及してみせたりするようなエイジズムの内面化は、アイドルが〈少女〉を描くものとしてイメージされやすいことで、なおさら温存されていく。このとき、二〇一〇年代後半に乃木坂46が体現してきたアウトプットが広く支持されたことは、そうしたエイジズムへのカウンターになりうる。

もっとも、おそらく乃木坂46という組織自体が、さほど自覚的にエイジズムへのカウンターを志向してきたわけではない。乃木坂46のコンテンツの内に、ことさらに年齢にまつわるコンシャスネスを読み取ろうとするのは勇み足だろう。そのうえで重ねていえるのは、乃木坂46はその代表的なアウトプットが〈少女〉の表象とは異なる射程を獲得するのと機を同じくして、広い支持を得て社会的に大きな存在になったことである。

そして、これはＡＫＢ48か乃木坂46かという固有名詞レベルの比較に還元してしまうべき事象ではない。ここで乃木坂46の社会的なプレゼンス拡大という事柄を通じて映し出されているのは、女性アイドルが実質的に表現している内容が、あるいはこの社会のなかで女性アイドルの表現に関して何に価値が置かれているのか、何が受容されているのかが、ひそかに更新されつつあるということではないか。

女性アイドルという立場を保持しながら長い年月をかけてアウトプットを洗練させる可能性を拡張したのは、二〇一〇年代に一大グループとして存在し続けたＡＫＢ48グループの功績でもある。この十年あまりを通じて、指原莉乃や柏木由紀といった中核メンバーがＡＫＢ48グループあるいは女性アイドルシーンの中心的な場で、いくつもの位相においてパフォーマンスを洗練させてきたことはその代表的な事例である。また、今日のグループアイドルの特徴である、パーソナリティが消費対象となるという観点からいうならば、指原や柏木にせよあるいは吉田朱里にせよ、ＡＫＢ48グループで卓越した支持を獲得している彼女たちが体現しているのは、自身を起点にしたコンテンツを巧みにプロデュースして乗りこなしてみせる演者としての姿である。

グループアイドルの群像劇はしばしば、「成長を見守る」コンテンツとして位置づけられてきた。それは必然として「未成熟」の姿を愛でるものとしてのイメージを喚起しやすく、実際そうした説明もひとつの定型のようになってきた。そのような位置づけ方もまた、女性アイドルと〈少女〉の表象とを結び付けやすくする。しかし、先に記したＡＫＢ48グループ内の開拓者たちが支持を得ているのは、未成熟のむしろ対極にある立ち回りの巧みさや発信者としての洗練ゆえである。それは、キャリアを重ねることによって成長する姿の上演ではありえても、その前提に〈少女〉らしい未成熟を必要とするものではない。

あるいは、AKB48や乃木坂46といった多人数の組織とはやや立ち位置や性質を異にするグループに目を向けるならば、Perfume や Negicco といった、原則としてメンバーが固定されている少人数グループは、アイドルという表現のフォーマットにのっとったまま活動規模を拡大させてキャリアを重ね、大きな知名度を獲得してきた。それが二〇二〇年代を迎えたアイドルシーンの現在地である。

むろん、これらの例はごく近年の女性アイドルに見いだせるものであり、まだ萌芽の段階というべきだろう。また、それはアイドルの表現フォーマットにおいて〈少女〉の表現が無効になることを意味するものでもない。より普遍的な視野に立てば、ある具体的な人物を表象するうえで、演者の実年齢や性別が絶対的な枷となるわけではない。本書の議論に引き付けるならば、第9章で乃木坂46の演劇作品を論じた際にみたように、若年のアイドルの身体によって一生分のライフスパンを想像させる表現は十分に成立しうる。もちろんのこと、今日の乃木坂46の基幹メンバーが〈少女〉の表象を体現することが不可能になったわけでもない。

ここで女性アイドルグループの現在地について看取すべきは、その従来のイメージとは異なり、ジャンル内で実践される表現がもはや〈少女〉の表象にとどまるものではなくなり、アイドルという職能を通じてキャリアを開拓していくなかで蓄えられる巧みさや洗練が支持される、そんな局面がしばしば現れているということである。今日、アイドルの職業的性格や「主体」を問うならば、そうした視野を踏まえなければならない。

3 「戦場」から「静かな成熟」へ

静かな抗いとエンパワーメント

それでは、アイドルグループとして少なからぬ年月を歩みながら、またAKB48が整備した競争的な価値観に対しても、素直に適応しないままキャリアを重ねた乃木坂46が体現してきたものとは何だろうか。あえて枠づければ、それは「静かな成熟」の上演とでも呼ぶべきものかもしれない。

乃木坂46結成時に添えられた「AKB48の公式ライバル」というフレーズは、他者との比較や対抗を大前提とした言葉である。すなわち、グループの活動を競争的なアングルに縛り付けるはずの枠組みが乃木坂46にはあてがわれていた。自然に考えれば、AKB48にならって「物語化された現実」を生き、「戦場」のなかで戦士としてのロールを担うことこそが、その役割として想定されていたことになる。もしそのような世界観が是とされるならば、乃木坂46は二〇一〇年代の多人数グループの必須項目に順応できず、アイドルとしてのロールを「演じる」ことを受け入れられなかったグループということになる。

しかし、本書で概観してきたのは、選別のルーティン化が組み込まれたグループでありながらなお、乃木坂46は「戦場にコミットしない」姿勢をもっていることだった。ここで捉えたいのは、その姿勢自体が静かに、だが確固とした乃木坂46のアティテュードになってきたのではないかということだ。

「戦場にコミットしない」という態度は、何か明快な対象へと積極的に手を伸ばす振る舞いではないだけに、能動的な姿として解釈しにくい。しかし、「選別」のルーティン化を引き受けながらも、その「選別」が志向していたはずの競争をあおるようなアングルをついぞ前面化しない佇まいは、アイドルシーンの慣習に対する静かな抗いとしての機能をもっていた。そのあり方はひそかに、乃木坂46に固有のスタンスになってきたのではないか。

ＡＫＢ48がひとつのエンパワーメントたりえたのは、メンバーたちが「物語化された現実」を自己表現のフィールドとして読み込み、それぞれの文化実践の場としてきたためである。しかし同時に、彼女たちの「物語」を劇的に駆動するために用いられてきたのは、選別のエンターテインメント化だった。いわば恣意的な事件性の創出やこのジャンル内にだけ流通するしばしば不合理な規範の設定によって、「社会の縮図」を生きる彼女たちの奮闘や葛藤を可視化するような契機が次々に作られていった。

それは確かに「物語」を生きる者たちを映し出す効果的な方法であり、また困難を課された状況ゆえに、「戦場」にコミットする姿や彼女たちの「主体」も見いだしやすくなる。しかし同時に、

「物語化された現実」は常に「現実」であり、恣意的にあつらえられた事件にそのつど翻弄されるのは生身の人格である。あらかじめ設定されたこの構造によって、くだんのエンパワーメントは根本的な部分で矛盾をきたして隘路に陥り、むしろ彼女たちの自由な表現をくじいてしまう。

このとき、乃木坂46が示し続ける「戦場」へのためらいが固有のスタンスとして成立するならば、戦いに積極的に参与するのとは違う仕方で、アイドルグループとして存在しうることを示せるだろう。

乃木坂46は、二〇一〇年代の多人数グループが抱える困難に対して明確に抗うようなアウトプットを発信しているわけではなく、また個別の作品レベルで勇ましく闘争のモチーフを上演してきたわけでもない。

しかし、エンパワーメントの契機は、わかりやすい「強さ」や具体的なメッセージ、問題提起を通じてしか拓かれないわけではない。恣意的な「戦争」に身を投じたりファイティングポーズをとったりすることとは異なるテンポで自らの生を――「静かな成熟」を体現してみせるさまも、またひとつの群像劇の上演たりうるし、それが「主体」性の発露として自然な場合もあるはずだ。競争的な価値観や舞台装置が常態になっている世界であるならばなおのこと、そのジャンルに身を置きながらも競争に順応せずに歩む姿に、固有のアティテュードを見いだすことは可能である。

あらためて強調すれば、過酷な「社会の縮図」が大きな呼び物として機能していたグループアイドルシーンにありながら、それとは異なる価値観を模索するように二〇一〇年代を生き、やがて

〈少女〉の表象を脱して静かに円熟に手を伸ばすのと機を同じくして、乃木坂46は女性アイドルシーンの中心に立った。

それはまた、ひとつのアイドルグループのキャリア形成ばかりではなく、社会がアイドルグループというエンターテインメントに何を求めているかについての、パラダイムの変化をも予感させる。

第5章で検討したように、二〇一九年のドキュメンタリー映画『いつのまにか、ここにいる』で乃木坂46の基調として見いだされたのは、メンバー相互の慈しみ合いという、日常性のなかに息づく彼女たちの生のありようだった。非「事件」的でなにげない生の営みを互いに尊び慈しむような瞬間のうちにも群像劇としての豊かさは確かに生まれ、そのような表現が支持されることを近年の乃木坂46は示している。

ただし、こうしたメンバー相互の尊重は乃木坂46で初めて見いだされるわけではない。本来的に、AKB48をはじめとする他のグループにも無数に看取されるものであり、そのさまもまた支持を集めてきたはずである。しかしそれ以上に、競争的な価値観をベースにしたエンターテインメント性こそが、二〇一〇年代前半ではポピュラーなイメージになっていった。対して、乃木坂46が群像劇のなかに示したのは「戦場」への順応よりも静かな成熟のさまであり、あるいは平穏な日常性に見いだされる関わり合いだった。

「過酷さの上演」ではないもの

もっとも、本書で参照してきた作品のなかで乃木坂46は、虚構の物語の水準においては何度も過酷で理不尽な人生を上演してきた。

演劇を志向する組織としての重要なターニングポイントとなった『すべての犬は天国へ行く』で彼女たちが演じてみせたのは、男性原理的な価値観のなかで社会の周縁に位置づけられ、男性たちがすべて死に絶えたのちもなお自らの人生を被差別的な慣習に縛り付け、やがては殺し合う女性たちの絶望的な姿だった。あるいは、あらかじめ陰惨な末路が提示されたうえで一人の女性の歩みを追尾する『嫌われ松子の一生』では、めまぐるしい希望と絶望との往還を主人公が経ていくからこそ、その一生分の生の記憶が鮮明に突き付けられた。また、『墓場、女子高生』では、同級生の自死という悲劇を通じて、人々がいかに自身にとって都合よく美しい物語を他者に投影するものであるかを浮かび上がらせた。そして、表面上は他愛のない日常会話を特徴にしているかにみえる『じょしらく』二部作もまた、何かを演じながら生きることで自らのアイデンティティを見失うことや、なにげなく続いていきそうな生がその実どうしようもなく有限であることを根源的なテーマにして、物語を推進する。

それらのいずれをとっても、アイドルという職能をもつ身体を通じて上演されることに特有の意義があった。抑圧的な社会構造に自らの人生を対峙させることも、希望と絶望とを行き来しながらドラマを紡ぐことも、無数の他者からいくつもの虚像を投影されることも、やがては演者自身がアイドルという職能を生きているという現実へと集約され、戯曲そのものがもつ意味を超えていく。

つまり、それらの演劇作品は、虚構の役柄が引き受ける過酷な生と、それを演じるアイドルの身体とが二重写しになることによって、固有の表現となりうる。これに対して、かつてグループアイドルの魅力として論じられた「社会の縮図」としての訴求力とは、「フィクション」と「現実」とを限りなく混交させた二重写しであった。

しかし、ごく日常的な営みのうちに宿る「静かな成熟」を体現するアイドルグループが今日、社会のなかで大きな支持を得ているのであれば、もはや虚構の水準においても、いたずらに過酷な運命をあてがう必然はないのかもしれない。演者の体現する生にことさらに負荷をかけることによってではなく、なにげなく歳月を歩み円熟していくさまをアイドルの身体に映してみせるという仕方によって、生の尊さを享受することができるのではないか。最後は、乃木坂46から派生して花開いた姉妹グループの上演から、そんな可能性の萌芽をうかがってみたい。

なんでもない生を尊ぶために

乃木坂46に端を発する「坂道シリーズ」三組目のグループとなる日向坂46は、欅坂46傘下の組織「けやき坂46」として数年の活動を経たのち、二〇一九年春に独立したアイドルグループとしてデビューを果たした。その日向坂46はデビューの前年、「けやき坂46」名義での活動期に舞台演劇公演『あゆみ』を催した。

劇団ままごとを主宰する柴幸男の代表作のひとつである『あゆみ』は、一人の女性の人生を、十人の役者が次々に入れ替わりながら演じていく、固有の方法論をもつ。主人公あゆみが幼少期から思春期を経て成人になり、新たな家族を得て歳を重ね、やがて老いていくさままでを追うことで基本的なストーリーが進行する。十人の役者たちはこのとき、それぞれ固定された配役をもたない。主人公やその家族、周囲の友人など登場する人物すべてを十人がそのつど断片的に演じては他の役者にバトンタッチしてつないでいき、一人の人生をたどっていく。すなわち、主人公である「あゆみ」はキャスト全員がかわるがわる演じるため、特定の演者との結び付きをもたない。そのため、主人公の姿は特定の俳優の身体と呼応することがない、独特な主体のありようとして浮かび上がる。

二〇〇八年初演のこの作品を、けやき坂46は一八年四月から五月にかけて東京のAiiA 2.5 Theater Tokyoで二チームに分かれて上演した。

アイドルの身体によって一人の人生を体現するという仕立ては、乃木坂46の桜井玲香と若月佑美主演による『嫌われ松子の一生』を思い出させる。けれども、その手ざわりは大きく異なっていた。それは、『あゆみ』が描いてみせる女性の生涯が波瀾万丈の連続でなく、いわば平凡なエピソードの集積として展開されるためだ。幼少期には自分になついてきた犬を飼ってもいいか親におうかがいを立て、学生期には些細な出来事から仲良くしている友達との関係を壊してしまい、あるいは憧れの先輩とのわずかなやりとりに胸をときめかせる。やがて労働や結婚、出産、老いを迎えるに至るまで、あくまでありふれた一コマ一コマが、演者を次々に交換しながら上演されていく。『あゆみ』にみられるこのありふれたエピソード群を、劇作家の松井周は「誰もがどこかで経験したかもしれないと思わせる、つまり経験してなくてもそう思わせてしまうような純度の高い会話」と表現する（「toi presents「あゆみ」」「ワンダーランド wonderland 小劇場レビューマガジン」）。その登場人物でしかありえない紆余曲折の人生を物語るのではなく、観客の誰もが思い当たるふしがあるような「純度の高い」経験のダイジェストによって、「あゆみ」の人生はつづられる。いわば「あゆみ」の人生は、どこか一般化された人物、一般化された人生の営みとして描かれる。

このとき、それを体現するけやき坂46メンバーたちの身体と役柄はどのような関係を結ぶのか。『あゆみ』では、誰か一人のメンバーと「あゆみ」という役柄とが一対一の関係で結ばれているわけではない。十人全員が「あゆみ」の断片を交代しながら演じては、次の瞬間には「あゆみ」ではないものとしてステージに立ち現れる。そこでは、桜井玲香や若月佑美の身体を通じて「川尻松子」の生涯を見いだしたような、あるいは伊藤万理華の身体を通じて「日野」の死や虚像性を映し出したような、身体と役柄との一致はない。

十人全員が次々に「あゆみ」を演じていくこの性質を、松井は「交換可能性」という言葉で表し、同作品の構造においては俳優と役柄が一対一で対応するような「単独性」が抑えられているとする。けれどもまた、同じ「あゆみ」という人物を演じるからこそ、キャスト一人ひとりの身体や喋り方、歩き方にはおのずとそのキャスト自身の特徴が否応なく現れる。松井が注目したのは、「交換可能性」によってこそキャストの固有性がむしろあらためて見いだされるような、この作品の非凡な性格である。

松井は二〇〇八年上演の『あゆみ』初演を対象に、この考察をおこなっている。一八年のけやき坂46版も作品の構造は同一だが、そこにオリジナルの性質を指摘するならば、それはもちろん、キャストが今日のグループアイドルという属性を帯びた身体をもっている点にある。すなわち、さまざまな水準でアイコンを演じ続けることを職能とし、群像劇のなかでそのパーソナリティが多分に享受対象となる彼女たちの身体に、「あゆみ」という人物が二重写しに投影されるということだ。

ある若年の限られた期間に注目が集中しやすいアイドルによって、一生分のライフスパンへの想像力が提示されることの意義は前章でも確認した。このとき、『あゆみ』がありふれたエピソードの集積によって人生の軌跡を描いていることは、重要な意味をもつ。『あゆみ』は、人生の特定の時点に極端に注目するわけではなく、若年期から壮年期、やがて老年期や死を迎えるまでのすべての時点を、等しい重さをもって提示する。そして、「あゆみ」が経験する出来事がどれも、「誰もがどこかで経験したかもしれないと思わせる」ようなものであるがゆえに、それらのエピソードはすべて、キャストとなるけやき坂46のメンバーたち固有の身体もまたそれぞれに経験してきたかもしれない、そして経験するかもしれないと思わせるような「純度」をもっている。

いわば、最大公約数的な人生の骨格が抽出されたものが『あゆみ』である。だからこそ、ここでけやき坂46のメンバーたちが演じるのは、際立った特徴をもった人物の一代記ではなく、彼女たち自身の人生でもありうるような営みとなる。この作品で、役柄とキャストとの二重写しはそのようなかたちで生じてくる。

上演中、「あゆみ」役を演じるキャストたちは、絶え間なくステージ上を歩き続ける。この演出は、生まれてから死ぬまでの人生の「歩み」を意味することにほかならない。そして、「あゆみ」がたどるありふれた人生がキャスト全員の人生でもありうるならば、けやき坂46が上演する『あゆみ』は、己自身の人生の歩みを物語として抽出したものになる。舞台上で彼女たちが演技として踏みならす一歩一歩は、彼女たち自身の人生の「歩み」と重なり合う。やがて、ありふれた人生がありふれた「最後の一歩」を迎えるとき、なんでもない生がもつそれ自体の尊さが照らし出される。

ここには、かつてみたものとは大きく性格が違う「物語化された現実」が浮上してくる。アイドルによって上演される生の躍動は、恣意的な負荷によるのではなく、また競争に駆り立てる規則によって群像劇を駆動するのでなくとも、豊かな表現を獲得できる。『あゆみ』で、戯曲上のありふれた「物語」とアイドルたちの生の「現実」とが共鳴しながら証明してみせたのは、そのようなことだ。

アイドルという特有の職能は、どのようにして何を演じることができるのか。あるいは、何を演じる必要がないのか。本書で示してきたのは、現在地からアイドルをめぐる想像力を更新するための、そんな問いかけである。

参考資料一覧

書籍・ムック

『OVERTURE』No.001(TOWN MOOK)、徳間書店、二〇一四年

『PF(ポーカーフェイス)』VOL.2(アスペクトムック)、アスペクト、二〇一六年

『乃木坂46——映像の世界』(インプレスムック、「MdN extra」Vol.3)、エムディエヌコーポレーション、二〇一五年

『別冊カドカワ 総力特集 乃木坂46』vol.02(カドカワムック)、KADOKAWA、二〇一六年

『別冊カドカワ 総力特集 欅坂46 20180703』(カドカワムック)、KADOKAWA、二〇一八年

久米田康治原作、ヤス画『じょしらく』全六巻(ワイドKCマガジン)、講談社、二〇〇九—一三年

さやわか『キャラの思考法——現代文化論のアップグレード』青土社、二〇一五年

渋谷・コクーン歌舞伎『第十四弾 三人吉三』パンフレット、二〇一四年

竹中夏海『IDOL DANCE!!!——歌って踊るカワイイ女の子がいる限り、世界は楽しい』ポット出版、二〇一二年

坪内祐三/福田和也/リリー・フランキー/重松清責任編集『en-taxi Vol.41(2014Spring)』(ODAIBA MOOK)、扶桑社、二〇一四年

林香里編『足をどかしてくれませんか。——メディアは女たちの声を届けているか』亜紀書房、二〇一九年

美内すずえ『ガラスの仮面』(花とゆめCOMICS)、白泉社、一九七六年—

雑誌・雑誌論考

「BIG tomorrow」二〇〇六年五月号、青春出版社

「BRODY」二〇一六年二月号、白夜書房

「BRODY」二〇一六年十月号、白夜書房

「BRODY」二〇一七年六月号、白夜書房

「EX大衆」二〇一四年六月号、双葉社
「EX大衆」二〇一四年七月号、双葉社
「EX大衆」二〇一六年八月号、双葉社
「FRIDAY」二〇一一年九月九日号、講談社
「MdN」二〇一五年四月号、エムディエヌコーポレーション
「MdN」二〇一八年一月号、エムディエヌコーポレーション
「ROCKIN'ON JAPAN」二〇一七年四月号、ロッキング・オン
「映画監督、舞台演出家、アートディレクターに聞く　人々がAKB48にひかれる理由」「キネマ旬報」二〇一四年十二月下旬号、キネマ旬報社
「日経エンタテインメント!」二〇一一年三月号、日経BP社
「日経エンタテインメント!」二〇一五年二月号、日経BP社
「パピルス」vol.61、幻冬舎、二〇一五年
岡室美奈子「戯曲を読む　すべての女は天国へ行く――あるいは理不尽を笑う方法」「ユリイカ」二〇一五年十月臨時増刊号、青土社
髙橋栄樹「アイドルは少女とともに――映されるものの空白」「ユリイカ」二〇一七年十一月臨時増刊号、青土社

ウェブ記事
「AKB48「ジワるDAYS」インタビュー」「音楽ナタリー」(https://natalie.mu/music/pp/akb48_10)
「toi presents「あゆみ」」「ワンダーランド wonderland 小劇場レビューマガジン」(https://www.wonderlands.jp/archives/12425/)
「生駒「大組閣」を語る」、「乃木坂46「気づいたら片想い」特集」「音楽ナタリー」(https://natalie.mu/music/pp/nogizaka46_09)
「生駒里奈卒業コンサート、〝猫背の少女〟が胸を張って乃木坂を上り切る」「音楽ナタリー」(https://natalie.mu/

music/news/279198)
「欅坂46とミュージカルの親近性――エンターテインメント集団としての表現を1stアルバムから考察」「Real Sound」二〇一七年七月三十日（https://realsound.jp/2017/07/post-95925.html）
「センターはなぜ〝辛い〟のか？」「イマ輝いているひと、生駒里奈「10代の女の子が見た〝アイドル〟の世界」」「cakes」（https://cakes.mu/posts/6080）
「乃木坂46運営・今野義雄氏が語る、グループの〝安定〟と〝課題〟「2016年は激動の年になる」」「Real Sound」二〇一六年一月三十日（https://realsound.jp/2016/01/post-5866.html）
軽部理人「私たちが女性アイドルにハマる理由 急増する「女オタ」たち」「withnews」（https://withnews.jp/article/f0160827002qq000000000000000W02t10501qq000013900A）

［付記］ウェブサイトはすべて二〇二〇年三月時点でアクセスできることを確認した。

あとがき

率直にいえば、本書は乃木坂46を礼賛する意図で書いたものではありません。乃木坂46の軌跡やスタンスのうちに、新しい価値観の胎動を見いだそうとした本ではありますが、とはいえアイドルというジャンルは社会の旧弊とも根を同じくする問題性を幾重にも含み、乃木坂46もまたその内側に存在します。乃木坂46が発信する表現に可能性をいかに感じたとしても、このカルチャー全体を丸ごと肯定することは難しい。

他方で、このアイドルシーンが抱える問題性に対してたびたびなされる批判そのものには共鳴することも少なくないものの、それらの言葉がときにジャンルの存在自体への否定に傾くような、あるいはこのジャンルのなかで生きるアイドル個々人の文化実践の意義や主体のありようを捨象するような手つきを見せるとき、大きな違和感を覚えていたことも事実です。

無頓着にこのジャンルへの愛着や賛美だけを謳うのではなく、さりとて総体として極端な否定をするのでもなく、それらを架橋する――というほどのことができるかどうかはともかく、双方の間にとどまって考えようとしたのが本書です。その足場はいかにもアンビバレントですし、すっきりしないものです。ただ、このすっきりしなさを引き受けることはわりと大事なのではないか、とも考えています。

すでに本文でも記したように、このジャンルの、あるいはアイドル自身の実践に価値を見いだすことと、アイドルシーンの問題性に批判的な目を向け続けることは、いうまでもなく両立します。すっきりしなさと付き合うことは、そうした態度にとっておそらくとても重要で、このジャンルの性格を現在よりもきめ細かく捉えるための足がかりになるはずです。本書を通じて、そうした契機が生まれれば幸いです。

本書の内容は、青弓社のウェブサイト上での連載「乃木坂46論」をもとにしています。とはいえ、最終的にはほぼ全編にわたって書き直したため、ごく一部を除いて原形は残っていません。連載時とは乃木坂46の知名度もキャリアも大きく変化をみせているため、それにともなって本書の道程も当初は考えていなかったものになりました。もっとも、その紆余曲折は二〇一〇年代後半のアイドルシーンをめぐる価値観が静かに、かつ確かに変動していったことを示していますし、乃木坂46がその中核にいたプレイヤーであることは間違いないのだと思います。

本書を世に出すにあたっては、青弓社の矢野未知生氏の辛抱強く寛容なお力添えにたびたび助けていただきました。厚くお礼を申し上げます。

二〇二〇年三月

香月孝史

［著者略歴］
香月孝史（かつき・たかし）
1980年生まれ
東京大学大学院学際情報学府博士課程単位取得退学。ポピュラー文化を中心にライティング・批評を手がける
著書に『「アイドル」の読み方――混乱する「語り」を問う』（青弓社）、共著に『社会学用語図鑑――人物と用語でたどる社会学の全体像』（プレジデント社）。2019年に催された企画展「乃木坂46 Artworks だいたいぜんぶ展」（ソニーミュージック六本木ミュージアム）では解説文の作成や展示内容の選定に携わる。乃木坂46のメンバーへのインタビューやライブ評・舞台評の執筆なども多数

乃木坂《のぎざか》46のドラマトゥルギー
演じる身体／フィクション／静かな成熟

発行――2020年4月23日　第1刷
定価――2000円＋税
著者――香月孝史
発行者――矢野恵二
発行所――株式会社青弓社
〒162-0801 東京都新宿区山吹町337
電話 03-3268-0381（代）
http://www.seikyusha.co.jp
印刷所――三松堂
製本所――三松堂

ISBN978-4-7872-7431-1　C0073